心理諮商師的
減壓思維

減掉無法負荷的壓力，
留下有助成長的動力，找回前進的勇氣

宋曉東　著

序

一個人只要想不斷上進，就會遇到源源不斷的壓力。

有一次，我搭飛機返回上海，在飛機上，我旁邊坐著一位五十多歲的女士。她對我說，她女兒今年剛剛大學畢業，去了一家知名的跨國公司工作。

這原本是一件值得慶賀的事情，她卻隱隱地有些擔憂。原來，她女兒所從事的那份工作，壓力非常大，經常需要熬夜加班。加上她女兒又是職場新人，還處在適應期，工作中難免會遇到很多令她抓狂的事情。

作為母親，她很心疼女兒，所以就勸慰女兒：「我們家條件還可以，換一份輕鬆一點的工作吧，不要活得那麼累。」而女兒卻對自己目前所面對的那些壓力看得很開，對媽媽說：「老媽，無論在哪裡工作，一個人只要選擇上進，就肯定要面對壓力。我如果沒有壓力，就會成長很慢，生活也就沒有什麼意義了。這份工作是我自己的選擇，你就讓我再堅持一段時間吧。」

當這位母親把女兒所說的話一字一句地複述給我聽的時候，我能覺察到，雖然她對女兒目前的工作有所擔憂，但是她說話時的語氣和表情中透露出一種欣慰：女兒長大了。

壓力，其實是我們成長道路上不可或缺的一位朋友。一個人如果在生活中感受不到任何壓力，就很難有所成長，也很容易感覺精神空虛。

正如米蘭．昆德拉（Milan Kundera）在《生命中不能承受之輕》（*Nesnesitelná lehkost bytí*）一書中所說：「也許最沉重的負擔同時也是一種生活最為充實的象徵，負擔越沉，我們的生活也就越貼近大地，越趨近真切和實在。相反，完全沒有負擔，人變得比大氣還輕，會高高地飛起，離別大地亦即離別真實的生活。」

值得注意的是，適度的壓力才是我們的朋友，過度的壓力就是我們的問題。所以，減壓的目的，並不是要把壓力從我們的生活中徹底抹去，而是減掉那些超出我們承受能力範圍的有害壓力，留下那些適度且對我們的成長有益的壓力。我們要學會和這些有益的壓力優雅共舞，最終成就更加幸福的人生。

既然毫無壓力的「躺平式生活」只會讓一個人感受到精神上的空虛以及生命的無意義，與壓力共舞又很難做到，那麼，到底如何做才能達到真正的減壓目的呢？

談及如何減壓，幾乎每個人都能說出幾種減壓的方法，比如聽音樂、運動、吃東西、和好朋友聊天、借酒消愁、玩網路遊戲、瘋狂購物等。但是，在人們所能輕易說出的這些減壓方法中，有一些是經過科學驗證的有效減壓方法，有一些則是糟糕透頂的減壓方法。比如借酒消愁、玩網路遊戲、瘋狂購物，這些減壓方法從本質上來說只是在逃避問題，它們只會讓人暫時感覺良好，之後則會帶來更多的壓力和負面問題。所以，想要更好地應對壓力，我們需要掌握一套科學的減壓方法，對「症」下藥。例如，很多人都知道運動是一個有效的減壓方法，但是假如一個人正在為工作和金錢發愁，單靠運動根本無法達到減壓的目的。此時，他需要學習一些時間管理的方法、高效努力的方法等才能有效減壓。

但無論如何減壓，我們的最終目的都是讓人生收穫幸福。

基於這一認知，我寫作本書時借鑑了積極心理學（Positive Psychology）之父馬丁・塞利格曼（Martin Seligman）在《持續的幸福》（*Flourish*）一書中所提出的有關幸福的最新理論：「幸福二・〇」理論。「幸福二・〇」理論認為，幸福的生活包含五個必不可少的元素，分別為積極情緒、投入、人際關係、意義和成就。我從這些元素出發，並參考及引用了不少心理學與管理學領域的研究成果，提煉出二十種能夠有效應對生活中不同種類壓力的思維方法，得以完成本書。

此外，我在從事心理諮商實踐的過程中累積了很多經驗，深知一個人想要真正發生改變，就必須先從轉變自己的認知和思維方法開始。一個人一旦在思維方法上發生了改變，那麼這個人的情緒、行為和生活狀態就會跟著發生深刻的改變。在你下一次面臨壓力的時候，希望這本書能夠幫到你，讓你不再那麼慌張，敢於逆風飛翔，讓人生閃閃發光。

－目錄－

幸福感來自自己的優勢與美德，
透過自己的努力獲得幸福，
才會有真正的幸福感受。

——馬丁．塞利格曼

思維01　不要逃避問題，選擇迎難而上

逃避問題，只會帶來更多問題

從我在電腦上敲出第一行字起，到此時此刻，已經距離我起床寫作有一個小時的時間。由於寫作進展緩慢，我內心感到十分焦慮。

之所以遲遲沒有動筆，是因為在內心深處我認為，這篇文章會放在整本書的開篇部分，應該寫一個漂亮的開頭，給讀者留下一個完美的第一印象。由於對最初想到的幾個案例不太滿意，我不停地尋找寫作靈感，四處搜集素材，浪費了不少時間。

我忽然意識到，剛剛過去的這一個小時的經歷，其實就是一個我在苦苦尋找的案例：面對一個難度較大的任務，我產生了嚴重的逃避心理，然後不停地去做其他事情，以迴避去做那件最重要的事情（寫作），最終使自己頻繁地感受到焦慮和壓力。

其實，人人都有逃避問題的傾向。只不過有的人逃避問題的程度比較輕，有的人逃避問題的程度比較嚴重罷了。

有時候，我會離開辦公室去學校的圖書館讀書，因為我覺得學校圖書館比較安靜，讀書氣氛更濃一些。但是，在圖書館裡，我經常發現有的學生在桌子上擺著一本書，卻拿著手機一直在玩，整個上午都不曾翻開書本，到中午就收起書本去吃午餐了。

你可以說這就是自欺欺人，其實背後隱藏著逃避問題的心理。因為比起看枯燥的書本，玩手機輕鬆容易多了，所以手機就成為一個逃避問題的理想「避難所」。

我認識一位職場人士小A。初入職場的兩年時間內，小A就換了好幾份工作。每次找我做諮商的時候，他都有各式各樣冠冕堂皇的理由解釋他為什麼非離職不可。比如，第一次離職，是因為工作內容太簡單、太枯燥，他感覺學不到新東西；第二次離職，是因為他的直屬上司總是故意針對他，他感覺自己受到了很多不公平的待遇；第三次離職，是因為他受不了「辦公室政治」，身邊的同事總是想方設法排擠他，讓他感覺不到歸屬感。

小A口才很好，每次描述他所受到的不公平待遇的時候，都感情飽滿、義憤填膺，講得繪聲繪色，讓我很容易對他的遭遇產生同情和憐憫。

但是我只要冷靜下來一想，就總感覺哪個地方不對，為什麼這些倒楣的事情都被小A遇到了呢？

表面上看，小A過來找我做諮商，是想找個人傾訴他的「悲慘」遭遇，然後探明他接下來的行動方向。

但從本質上來看，小A一直在為他逃避問題的行為和思維方式尋找藉口，從而讓他置身於「受害者」的角色，這樣他就可以正大光明地逃避做出任何積極的改變，也不再需要鼓起勇氣去面對各種難題了。

小A如果不及時意識到自己一直在逃避問題，就很容易長期躲在自己精心編織的虛幻世界裡，漸漸失去前進的動力，讓自己的人生發展慢慢停滯，甚至遭遇嚴重的心理危機。

這不是危言聳聽。在《少有人走的路：心智成熟的旅程》一書中，作者斯科特・派克寫道：「逃避痛苦的傾向，是人類心理疾病的根源。」、「如果不顧一切地逃避問題和痛苦，不僅會錯失解決問題、推動心靈成長的契機，還會使我們患上心理疾病。長期的心理疾病會使人的心靈停止成長，如果不及時治療，心靈就會萎縮和退化，心智就永遠難以成熟。」[1]

環顧四周，很多深受焦慮、憂鬱、恐懼情緒困擾的人，多半都有逃避問題的心理傾向。當面對壓力情境的時候，我們會看到各式各樣的誘惑，就想逃避問題——滑手機短影片、玩網路遊戲、購物、酗酒等。

雖然這些逃避問題的方式可以讓我們快速得到一些心理上的安慰，但是後患無窮。畢竟現實問題不會因逃避而自行消失，等到我們不得不去面對現實問題的時候，只會感受到比之前更大的壓力。用一句話來概括：如果我們不去解決問題，那麼我們自己就會成為問題。

因此，如果你要問我保持心理健康的最佳方法是什麼，我的答案非常簡單：**不要逃避問題，要選擇迎難而上。**

---

1 斯科特・派克（M. Scott Peck），《少有人走的路：心智成熟的旅程》（*The Road Less Traveled: A New Psychology of Love, Traditional Values and Spiritual Growth*），中國商業出版社，2013:18。繁體版為《心靈地圖I》，天下文化。

你會選擇承受積極的痛苦還是消極的痛苦

我的一個朋友，他每天下班之後就長時間地玩遊戲，但每次玩完遊戲後都感覺心裡極度空虛。但是他依然沒有辦法停止玩遊戲，即使他已經玩膩了那款遊戲。

我問他，為什麼不考慮在下班後去結交一些新朋友？他苦笑著對我說：「與到外面去和別人交流相比，我還是覺得待在遊戲的虛擬世界裡比較舒服。」這也是一種逃避問題的心理。後來我的這位朋友怎麼樣了呢？我最近一次和他見面時，他對我說，他一直生活在痛苦中。

很多容易對生活感到失望的人，他們的大腦中一直存在一個錯誤的假設：人生總是在快樂和痛苦之間做出選擇。這就可以理解，為什麼有的人在面對玩網路遊戲和真實社交這兩個選項的時候，會毫不猶豫地選擇玩網路遊戲了，因為他們誤認為玩網路遊戲是快樂的，而參與真實社交是痛苦的（可能有被拒絕、被忽略、被傷害的潛在威脅）。

然而，人生的一個真相是：苦難重重。在大多數時候，我們都需要在兩種痛苦之間做出選擇，一種是積極的痛苦，另一種是消極的痛苦。

我們在選擇迎難而上的時候，就是在選擇一種積極的痛苦：只要跨過這種痛苦，我們就可以實現心靈的成長，內心越來越強大；我們在選擇逃避問題、欺騙自己的時候，就是在選擇一種消極的痛苦，我們會在外表裹著糖衣的快樂陷阱中越待越久，最終失去前進的勇氣，陷入長期痛苦的泥沼。

對於我的那位朋友來說，參與真實社交也許會讓他感覺痛苦，但是如果敢於正視這種積極的痛苦，他就會不斷增加社交經驗，實現自我成長，最終品味到幸福。如果他選擇了玩網路遊戲這種消極的痛苦，就會長時間待在快樂陷阱中不能自拔，越玩遊戲精神越空虛，慢慢地失去前進的動力和信心，最後任由自己不斷沉淪下去。

所以，當下一次我們面對某一種壓力情境的時候，我們不妨先捫心自問：接下來我將做出的選擇，是承受一種消極的痛苦，還是承受一種積極的痛苦？

鼓起正視問題的勇氣

我們如何才能擺脫逃避問題的心理，在迎難而上的過程中獲得更加持久的幸福呢？接下來，我從一個發生在自己身上的案例入手，分享四個實用的方法，幫助大家鼓起正視問題的勇氣。

大學剛剛畢業時，我曾經和一個很好的就業機會擦肩而過，至今回憶起來都感覺有些惋惜。當時，經熟人推薦，我進入一家英語培訓機構做實習生。

按照實習生的工作流程，我需要先去不同老師的課堂上聽課，在熟悉了不同老師的講授風格之後，自己再準備一堂課試講。如果試講成功，我就可以轉成正式的講師。

聽起來整個流程非常簡單明瞭，但是做起來卻困難重重。從我聽到這家培訓機構的老闆對我說「要好好準備試講」的那一刻起，我就開始忐忑不安。尤其是當我聽完不同老師的課之後，我覺得這些老師都很厲害，自己並沒有通過試講的信心。

於是，我開始不斷逃避試講這件事情，想出各種理由拖延試講。後來，這件事情實在沒辦法拖延下去了，我依然沒能鼓起試講的勇氣。有一天，我對老闆說：「家裡有些事情，我需要回去處理一下。」回到家之後，我再也沒有去那家培訓機構實習。當時的我選擇了逃避問題。

這些年來，我一直想把自己塑造成一個積極努力、勇敢奮進的形象，但是這次實習的經歷卻始終是我心頭無法抹去的一個陰影。

當時的我，為什麼要逃避？經仔細分析後，我認為至少有四個方面的原因。第一，想要得到這個職位的決心不夠堅定。第二，害怕自己試講的時候表現得不完美，被別人嘲笑。第三，有畏難心理，覺得完成試講是一個非常艱巨的任務，從備課到講課，每一個環節都讓當時的我感到壓力巨大。第四，害怕自己應徵失敗，最終不能被這家培訓機構錄取。

事實上，以上四個因素，就是導致我們逃避問題的常見因素。我們只有逐一破解，才能鼓起正視問題的勇氣。

一、不斷釐清自己想要的東西

很多人都十分清楚自己不想要的東西，如不喜歡加班、不喜歡學習英語、不喜歡處理複雜的職場關係等。但是，他們對於自己真正想要什麼卻不甚了解。我們如果知道了自己到底想要什麼，就很容易鼓起正視問題的勇氣。正如尼采所言，如果你知道了自己為什麼而活，那麼你就會忍受任何一種生活。

也許你不喜歡加班，但是如果你確定了自己真正想要的東西，比如擁有更多的經濟收入，從而可以和心愛的人在大城市裡有一個固定的住所，那麼你就能鼓起正視加班的勇氣；也許你不喜歡學習英語，但是如果你確定了自己真正想要的東西，比如通過雅思考試，從而申請到國外一所理想的學校去繼續深造，那麼你就能鼓起學習英語的勇氣；也許你不喜歡處理複雜的職場關係，但是如果你確定了自己真正想要的東西，比如不斷提升自己的情商，在與人交往的過程中遊刃有餘，在自己需要幫助的時候有一堆朋友願意伸出援手，那麼你就能鼓起在複雜的人際關係中不斷修練自己的勇氣。

二、相信完成勝過完美

常年寫作的經歷告訴我，如果我總是想要一下筆就寫出一篇特別完美的文章，這個時候往往是沒有辦法下筆的。我只有退後一步，懷抱下面這樣一種信念的時候，才能鼓起勇氣不斷地動筆寫東西：不管三七二十一，先把文章寫出來，再不斷地修改和完善，把文章打磨得更加完美。

雖然寫作靠靈感，文思泉湧的時刻偶爾會發生，但對於一個寫作者來說，大部分寫作過程都需要面對沒有靈感的現實。這時就需要作者耐得住寂寞，按照寫作框架先完成初步作品，再進行下一步的打磨。現在的我，更加相信好文章是不斷修改出來的，而不是靠靈感一氣呵成的。

想要鼓起正視問題的勇氣，我們就必須暫時放下追求完美的心態，相信「完成勝過完美」的道理，讓自己變得更加具備行動力。

一直以來，我很慶幸自己早在二〇一三年就在學校裡開設了幸福課，推廣積極心理學方面的知識。正是因為很早地開設了這門課程，我累積了很多素材，從而有機會在二〇一六年就出版了一本和積極心理學有關的通俗心理學讀物。透過這本書，我又有機會認識和接觸到一些積極心理學界的專家級人物。

在開設這門課程之前，我原本也有一些逃避的想法。比如，掌握的資料還不夠多，對這門學科的了解還不夠透徹，等等。好在當時的我特別相信「完成勝過完美」的道理。而且，我知道，一門課程是無法透過準備而達到完美的狀態的。我只有先把這門課程開設出來，隨著自我知識儲備的不斷豐富，加上學生的回饋，才能有機會把這門課講得越來越好。

你如果現在也有一個很好的想法，不妨先努力去嘗試做一下，也許開局並不完美，但是只有先把這件事情完成，才能讓它有不斷完善的機會，最終慢慢讓它走向完美。你如果僅僅把想法裝在大腦裡而不去行動，那麼美好的事情永遠不會自己發生。

三、把大目標切割成小目標

日本有一位傳奇的馬拉松選手，名字叫山田本一。一九八四年，他獲得了東京國際馬拉松比賽的冠軍。記者問他獲得冠軍的祕訣是什麼。山田本一回答說：「我是憑藉智慧獲得冠軍的。」當時很多人認為他在故弄玄虛，都覺得要在馬拉松比賽中取勝，最主要的還是靠體力和耐力，智慧實在算不上重要的影響因素。然而，在兩年之後的義大利馬拉松國際邀請賽上，山田本一再次獲得了冠軍。面對記者的採訪，他依然回答自己是憑藉智慧取勝的。這個時候，人們才開始認真對待他所說的話，想要了解他口中所講的「智慧」到底是什麼意思。[2]

山田本一參加馬拉松比賽時所運用的智慧，可以用一句話概括：他非常善於把大目標切割成小目標，再將小目標各個擊破。每次在比賽開始之前，他都會乘車把比賽的具體線路觀察一遍。在觀察的過程中，他會把整個馬拉松的路線劃分成若干個小目標。比如，他的第一個目標是跑到銀行處，第二個目標是跑到一棵大樹處，第三個目標是跑到一棟紅房子處。在比賽真正開始後，他就奮力朝著第一個目標衝去，完成第

2　360 百科．山田本一 [EB/OL].[2021-07-02]. https://baike.so.com/doc/1975551-2090721.html

一個目標之後，再去努力完成第二個目標……直到衝向終點線。

這種把大目標劃分成小目標的做法，讓他消除了畏難心理，最大限度地發揮出了自己的潛力。剛開始，他沒有搞懂這個道理，因此在比賽中常常落敗。他在自傳中寫道：「我把我的目標定在四十多公里外終點線的那面旗幟上，結果我跑到十幾公里時就疲憊不堪，被前面那段遙遠的路程嚇倒了。」

無論面對一個多麼艱巨的任務或者一個多麼遠大的目標，我們都可以將其拆解成一個個小任務或者小目標。正如《道德經》所云：「合抱之木，生於毫末；九層之臺，起於累土；千里之行，始於足下。」

讀博士研究生期間，我對「把大目標切割成小目標」的方法有非常深刻的體會。作為一名文科博士，我要寫的畢業論文除了在文字品質上要滿足要求，在文字數量上也有一定的隱性要求。當時，我向自己提的要求是畢業論文要寫十五萬字左右。看起來，這似乎是一個非常艱巨的任務。可是只要把這項寫作任務切割成更小的目標，寫論文的過程就沒有那麼令人望而生畏了。在確定好論文寫作主題、論文大綱，以及收集好論文的寫作素材之後，我計畫用一百天左右的時間完成論文的初稿，每天要完成的任務是一千五百字左右。

目標定好之後，接下來就是執行目標任務。為了完成每天一千五百字左右的論文寫作任務，我每天會在上班路上的地鐵裡完成一部分內容，在下班之後再完成剩餘的部分。暑假期間，我每天早上吃完飯之後，就把自己關在岳父家的閣樓上，不完成當天的寫作任務堅決不下樓做其他事情……就是靠著這種「每天進步一點點」的精神，我按計畫寫完了博士論文。

四、把失敗看作成長的機遇

逃避問題的一個常見外在表現形式就是拖延，而導致拖延的一個重要原因就是害怕失敗。正如《拖延心理學》一書中所說：「有些人寧願承受拖延所帶來的痛苦後果，也不願意承受努力之後卻沒有如願以償所帶來的羞辱。對他們來說，責備自己邋遢、懶惰和不協作比把自己看成無能和無價值（而這就是他們深為恐懼的『失敗』）要容易忍受得多。」[3]

既然逃避問題經常和害怕失敗的心理連結在一起，那麼想要鼓起正視問題的勇

3　簡・博克（Jane B. Burka）、萊諾拉・袁（Lenora M. Yuen），《拖延心理學》（*Procrastination: Why You Do It, What to Do About It Now*），中國人民大學出版社，2009：22。繁體版為《拖延心理學》，漫遊者文化。

氣，就要調整面對失敗的心態，改變對失敗的看法。假如我們把失敗看作對自我能力的否定，那麼我們一定會非常害怕失敗。但是假如我們把失敗看作成長的機遇，相信「吃一塹，長一智」的道理，我們就很容易鼓起正視問題的勇氣。讀到這裡，大家可以暫停一下，然後思考一個問題：自己在心理層面所實現的一些重要成長，是不是都與某一次挫折、磨難導致的失敗有很大的關係？

比如，有的人因為遭遇過失戀的痛苦，痛定思痛，逐漸明白了如何更好地去愛一個人；有的人因為在工作上犯了錯誤，被上司狠狠地批評了一頓，才知道如何把上司交代的任務完成得更加周到；有的人經歷了很長一段時間的迷茫期和痛苦期，才終於想明白自己到底該走哪一條路。

一個人如果不經歷任何失敗，就如同溫室裡的花朵，很難實現任何成長。很多人害怕失敗，整天躲在自己的舒適圈，最終的結果就是一直停留在原地，能力方面始終沒有太大的長進。因此，對於一個正處在奮鬥過程中的年輕人來說，即使嘗試之後失敗了，也比不敢嘗試要強很多倍。

回到「我之前應徵英語培訓教師卻不敢試講」的案例中，當年的我，如果明白了以上四個道理，並且能夠努力實踐，說不定就可以更好地把握住那次實習機會，而不是選擇逃避。

當年的我，如果能夠「不斷釐清自己想要的東西」（特別想成為那家培訓機構的一名英語培訓教師），相信「完成勝過完美」的道理（不再害怕丟面子），知道「把大目標切割成小目標」（一點點去完成備課和講課任務），可以「把失敗看作成長的機遇」（即使試講失敗也可以學到不少東西），那麼我或許可以更好地把握住當初的那次機遇。更加重要的是，我會因為戰勝了一個挑戰而變得更加自信。

不過人生沒有「如果」，事情既然發生了，就是無法改變的。這個時候，我們需要一種更加積極的心態：這件事情發生在我的身上，是為了讓我汲取經驗和教訓，讓我在心理上有所成長。

和大家共勉。

思維02 戰勝消極思維，排除情緒「地雷」

所有負面情緒，都來自消極的思維方式

「這個學生，真是太不把我這個老師放在眼裡了！」當大腦中出現這個想法的時候，我剛剛打開電子信箱，發現收件匣中依然沒有收到一個學生的期末作業。我之所以會感到如此生氣，是因為這個學生在課程結束之後遲遲未交作業，而且我已經用電子郵件提醒了他兩次，卻沒有收到他的任何回覆。

於是，我帶著一肚子怒氣，用電子郵件向這個學生下了最後通牒：「今天晚上十二點之前，如果還沒收到你的作業，那麼你的這門課就要被當了，希望你重視！」

第二天早上，我滿懷期待地打開收件匣，依然沒有收到這個學生的作業。我感到非常失望。

讀到這裡，也許你會說：「既然設定了交作業的截止時間，如果某個學生沒按時交作業，就應該直接給這個學生零分，不需要來回去催。」雖然我也這樣想過，但是直接讓這個學生被當，我有些於心不忍。

因為我提到的這個沒交作業的學生，他曾在課間專門跑過來向我請教過問題，應該不是那種故意拖著不交作業的學生。想來想去，最後我決定打破慣例，從班上其他同學那裡要到了這個學生的電話號碼，直接打電話給這個學生，確定一下到底發生了什麼。

經過一番溝通得知，這個學生平常不怎麼看電子信箱，所以一直沒看到我發給他的電子郵件。而他一直以為自己已經交了作業，卻沒發現他的郵件並未發送成功。電話裡，學生對我連聲說抱歉，並且非常禮貌地對我說「老師辛苦了」。很快，他就把作業發給了我。

我原本帶著很多怒氣打的這通電話，在聽完這個學生的一番解釋以及收到他的作業之後，很快就消氣了。因為我發現這個學生沒交作業並非有意而為之，而是因一時疏忽大意造成的。畢竟，誰都會有粗心大意的時候。

這件事讓我意識到，**很多時候，導致我們心情感到煩躁、惱怒、低落的原因，往**

往不是某件事情本身，而是我們對待這件事情的看法或態度。

同樣是面對學生沒按時交作業這樣一件事情，如果我的看法是「學生根本就不把我這個老師放在眼裡」，那麼我就很容易感到生氣，非常上火；而如果我的看法是「學生只是因一時疏忽大意而沒能成功地繳交作業」，那麼我就很容易理解學生，不會因為這件事感到特別挫敗。

這也是心理諮商中認知療法所主張的一種觀點：我們所有的情緒，其實都源自於我們對待某件事情的認知或思維方式。[4]也就是說，導致我們情緒糟糕的原因，往往不是那件看似「倒楣的事」，而是我們用什麼樣的眼光看待發生在我們身上的這件事。面對同樣一件事情，我們如果採用不同的認知方式去看待，就會產生不一樣的情緒反應。

比如，同樣是面對杯子裡只剩半杯水的情形，如果我們採用積極的思維方式去看待，告訴自己「杯子裡還剩半杯水呢」，我們就會很開心；如果我們採用消極的思維方式去看待，不停地抱怨「杯子裡怎麼只剩半杯水了」，我們就容易感到沮喪。

4 伯恩斯（David D. Burns），《伯恩斯新情緒療法》（*Feeling Good: The New Mood Therapy*），科學技術文獻出版社，2014：22。

總之，如果我們採用積極的思維方式看待整個世界，那麼我們的內心就很容易感到溫暖和希望；如果我們執著於採用消極的思維方式看待整個世界，那麼我們的內心就很容易感到失落和壓抑。

十種典型的消極思維方式

那麼，到底如何才能阻止我們的大腦被消極的思維方式占領，使我們深陷消極情緒中不能自拔呢？

我們需要先認清消極思維方式的常見類型。美國著名心理學家、認知療法最重要的發展者之一伯恩斯教授提出了著名的「十大認知扭曲」[5]。這十大認知扭曲，實際上就是人們在面對問題的時候容易採取的十種典型的消極思維方式。

這十種典型的消極思維方式，如同埋藏在大腦中的地雷一般，只要一觸碰，就會

5 伯恩斯，《伯恩斯新情緒療法》，科學技術文獻出版社，2014 : 39-46。

馬上引發消極情緒。所以，想要減少或消除消極情緒，我們就要先把這些隱藏在大腦中的「情緒地雷」排除。接下來，我們花點時間看清這些情緒地雷的真實面目吧。

第一，非此即彼。你覺得自己在一件事情上做得不完美或者遇到了一點失敗，便馬上認為自己是一個徹底的失敗者。比如，一個經常考第一名的學生有一次考了第二名，就馬上覺得自己非常愚笨、一無是處。

第二，以偏概全。如果某件事在你的身上發生過一次，你就武斷地得出結論：「這件事總會在我的身上發生。」比如，孩子在受到媽媽的批評之後，馬上得出結論：「媽媽以後再也不可能喜歡我了。」

第三，心理過濾。你犯了一個錯誤，就瞬間忽視或遺忘了自己所做的其他正確的事情。這種思維方式就如同讓自己戴上了一副有色眼鏡，這副眼鏡會過濾掉所有積極的事情，讓你滿眼只能看到那些消極的事情。比如，我的一個學生在進行一次演講的時候，整體表現不錯，但是中間稍微有點忘詞，不過他很快就調整好了狀態，瑕不掩瑜。然而，演講結束後，這個學生卻非常失落地對我說：「我的整個演講都非常失敗。」

第四，否定正面思考。當你有正面體驗的時候，比如，有人誇你厲害的時候，你會下意識地覺得，這只不過是意外罷了。與此同時，你總是竭盡全力地去尋找證據，以證明你的消極思維是對的。比如，有的人明明很受歡迎，但是他卻執著地認為，這是因為別人不了解他罷了，如果別人真的了解他，就不會喜歡他。

第五，妄下結論。你會在沒有找到事實依據的前提下，就對自己下了一個非常負面的結論。比如，根據對方一個奇怪的眼神或者一句稍帶否定語氣的話，就妄下結論：「這個人肯定看不起我或者討厭我。」

第六，放大和縮小。你傾向於放大自己的缺點，與此同時，縮小自己的優點。比如，有的人總是能看到自己的各種缺點，卻不知道自己到底有什麼優點。

第七，情緒化推理。根據自己的情緒而非事實對一件事情的嚴重程度做出推理。比如，有的人一見到陌生人就會心跳加速、莫名緊張，於是根據自己的生理或情緒反應得出結論：「見陌生人對我來說就是世界上最恐怖的事情，我永遠都無法做到單獨與一個陌生人見面聊天。」

第八，應該思維。認為自己應該且必須完成某項任務或者達到某項要求。比如，有人認為，自己必須在工作第一年就拿到多少年薪，否則就說明自己沒有實現個人價值。

第九，亂貼標籤。把自己的某個缺點誇大之後作為定論來接受。比如，「我是一個永遠都不擅長與人交流的人」、「我註定是一個一事無成的人」，等等。

第十，罪責自己。只要遇到了負面事件，就認為是自己犯了錯。比如，辦公室裡面有一位同事今天心情不好，你馬上會想：「是不是我在哪些方面得罪了這位同事？」而事情的真實原因是，這位同事家裡出了一些狀況，所以他才不開心。

回到文章開頭我提到的那個案例，我發現自己作為一名教師，因為一個學生沒按時繳交作業就感到挫敗或憤怒，並不是由「學生沒按時繳交作業」這件事情本身造成的，而是由我大腦中深藏的一些消極思維方式造成的。

比如，我的大腦中有「非此即彼」的思維方式：當一個學生沒按時交作業的時候，我就感覺自己作為老師很失敗，沒有足夠的權威；我的大腦中也有「妄下結論」的思維方式：我在沒尋找到事實依據的前提下，就得出「這個學生看不起我」的結論；我的大腦中還有「應該思維」：我認為所有的學生都必須按時繳交作業，不允許出現任何例外的情況。

一旦有了上述認識之後，我就明白了自己消極情緒的真正來源。這個時候，我會再提醒自己，不要把感受當作事實，要採用更加理性的態度改變這些消極的思維方式。

所以，想要扮演好一位情緒穩定的成年人，我們就需要培養一種理性的態度。我們可以把這種理性的態度想像成一位嚴謹的小律師，他會仔細地檢查每一個消極的想法，尋找這些消極想法背後是否有可靠的證據支持。如果找不到支持這些消極想法的證據，他就會毫不猶豫地推翻它們，然後用更加理性的想法取代它們。

下面，我就以當學生沒有按時交作業時我大腦中所產生的一些消極想法為例，講解一下如何運用更加理性的態度改變這些消極的思維方式。

首先，針對我的大腦自動出現的第一個消極想法：「只要有一個學生沒交作業，我作為老師就很失敗」，我可以嘗試運用理性思維去認真檢查這個想法是否站得住腳。

很顯然，這個消極想法是站不住腳的。評價一個老師價值的標準有很多，例如講課水準、科研能力、和學生的互動情況等，而絕對不是只有學生是否繳交作業這一項。同時，即使是最好的老師，也可能會遇到學生不交作業的情況，這一點往往不是老師自己可以控制的。

其次，我運用理性思維對大腦中出現的第二個消極想法進行了一番檢查，這個消極想法就是：「這個學生不交作業，是因為看不起我」。

顯然，這個想法也是站不住腳的，因為導致學生沒有按時交作業的原因太多了。例如，忘記交作業的截止時間，做作業的過程中遇到了難題，因網路問題導致作業上傳失敗等。很少有學生因為看不起老師而故意不交作業，畢竟絕大多數學生都想掌握課程內容，增加知識累積，順利通過課程考核。

最後，我運用理性思維審視了大腦中出現的第三個消極想法：「所有學生都應該按時繳交作業，不應該出現例外的情況」。

當我在電腦上敲出這句話的時候，我都覺得這個想法很荒謬。在現實世界中，幾乎所有的事情都有例外，幾乎所有的事情都不可能做到十全十美，我們永遠沒有辦法苛求現實按照自己的意志去運行。我們能做的，只有接納並改進不完美的現實。

當我運用理性思維仔細地檢查上述這些消極想法後，我的心情好了很多，因為我發現在遇到問題後大腦中自動浮現出的那些負面想法是站不住腳的，而我也無須為了這些站不住腳的負面想法黯然神傷。

改變消極思維方式的三個有力武器

我再透過一個具體的案例，詳細講一講如何快速有效地識別這十種消極的思維方式，更加重要的是，如何透過三個有力的武器改變這十種消極的思維方式。

我的一位朋友凱文，有一天問我是否有空，他說想和我聊聊。我們見面之後，沒想到坐在我對面這位國外名校畢業的心理學博士會對我說，他覺得自己一文不值，是一個失敗者。

他剛從國外畢業回國，進入了國內一所知名高校工作。然而，在最近一次的考核中，他沒有當上副教授。這件事讓他很受打擊。要知道，他回國後的目標原本是，以最快的速度當上副教授，再當上教授。

在接下來一個月的時間裡，他慢慢陷入了一股悲觀情緒中。他對我說，他在國外這幾年過得非常辛苦，拿到博士學位是他唯一的精神支柱。博士在讀期間，當感覺堅持不下去的時候，他就會努力想像自己拿到博士學位之後的場景：他會過著幸福的生活，他會成為家人的驕傲，他會成為某大學裡一顆冉冉升起的學術新星。

他原本以為，讀博士是他人生中經歷的最後一個大磨難，只要能熬到博士畢業，一切就都會好起來。然而，這次沒有當上副教授，讓他對一切充滿了懷疑。他甚至開始懷疑，是不是自己根本就不適合搞學術研究。

凱文還告訴我，當他感到情緒差的時候，他就會陷入一種自我譴責中，責備自己在申報一項國家級的學術研究計畫時，沒有付出最大的努力，結果沒有申報成功。否則，如果有那項國家級學術研究計畫作為保障，這次他就有可能當上副教授。

在任何人看來，凱文都是一個令人羨慕的對象，他長相英俊，年紀輕輕就拿到了博士學位，能說一口流利的英語，並且回國後就擔任了國內一所知名高校的教員。但是現實情況是，他竟然活得這麼痛苦。

而凱文之所以活得這麼痛苦，並不是因為他所處的狀況真的糟糕透頂，只是因為他一直帶著一種消極的思維方式看待自己的處境。而我之所以選取他的案例進行講解，是因為在和凱文對話時，我發現我在前面提到的十種消極思維方式，他幾乎全中。後來，我就把凱文具有的這十種消極思維方式一一講給他聽。

第一，非此即彼。凱文認為自己沒當上副教授，就是一文不值的人。

第二，以偏概全。凱文根據自己沒當上副教授這件事情，開始懷疑自己不適合搞學術。

第三，心理過濾。凱文緊抓著自己的一個錯誤不放，他認為自己在申請國家級的學術研究計畫時沒有用盡全力，於是不斷地自責，卻忽略了自己在其他方面付出的努力。實際上，他已經發表了幾篇品質非常高的科研論文。

第四，否定正面思考。我對凱文說，我非常羨慕他是海外名校畢業的博士，凱文卻顯得過分自謙，並且認為那沒有什麼了不起。

第五，妄下結論。凱文是很有做學術研究的潛力的，無論是博士順利畢業，還是能夠進入現在這所知名高校擔任教員，都和他的學術潛力密不可分。但是凱文卻認為自己不適合搞學術。

第六，放大和縮小。對於凱文來說，他放大了自己沒當上副教授這件事情的嚴重性，同時縮小了自己原本非常有學術潛力這件事的重要性。

第七，情緒化推理。凱文感覺自己情緒消沉，因此他便推理說，沒當上副教授這件事情真的很糟糕。他甚至說，這是他職業生涯中最大的打擊。

第八，應該思維。凱文認為自己應該以最快的速度當上副教授。

第九，亂貼標籤。因為沒當上副教授，凱文就將自己定義為一個失敗者。

第十，罪責自己。事實上，對於凱文來說，這一次沒當上副教授是由多方面原因決定的。例如，這次考核，他所在的院系只有一個名額，而他的競爭者為了這次考核已經準備了很多年，也的確在一些方面表現非常優秀等。這些都是導致凱文沒有當上副教授的因素，他自己的努力程度和準備程度不夠只是其中的一個因素而已。

聽完上述分析後，凱文感覺舒服了一些，他終於明白了自己被消極情緒反覆折磨的原因。不過，他更想知道的是，如何改變這些消極的思維方式。在和凱文溝通的過程中，我主要採用了以下三項技術，幫助凱文從情緒的陰霾中走了出來。

第一項：證據檢查技術

所謂證據檢查技術，就是認真檢查你的負面想法，看看是否有充分的證據。[6]

例如，凱文認為自己是一個失敗者、不適合做學術研究，我就讓凱文去尋找這些負面想法的證據。後來凱文發現，幾乎沒有證據可以證明這些負面想法。

但他有很多優勢和強項，可以證明自己不是一個失敗者。比如，他能講一口標準的英語，透過自己的努力拿到了國外名校的博士學位，曾經在國際知名期刊上發表過

---

6 伯恩斯，《焦慮情緒調節手冊》(*When Panic Attacks: The New, Drug-Free Anxiety Therapy That Can Change Your Life*)，學林出版社，2009：128-129。

學術論文等。

總之，我們在大腦中產生一些負面的想法，感到很糟糕的時候，千萬不要把這些負面的想法和糟糕的感受當作既定事實來接受。請牢記這句話：**感受不等於事實**。

當心情感到糟糕的時候，我們首先應該做的，是認真檢查這些負面的想法和糟糕的感受是否有證據支撐。如果沒有找到證據支撐，我們就應該說服自己拒絕接受這些負面的想法和糟糕的感受。

第二項：自我同情技術

很多帶有負面想法的人，往往採用雙重標準，他們會在自己遇到不如意的事情的時候，不斷地批評自己、苛責自己。但是他們在別人遇到類似事情的時候，則會同情別人，從更加客觀的角度看待問題。其實，他們更加需要同情自己。[7]

根據這項技術，我和凱文做了一項角色扮演。我扮演凱文的角色，凱文扮演安慰者的角色。當我說出自己因為沒有當上副教授而感到自己一文不值的時候，凱文很快

7 伯恩斯，《焦慮情緒調節手冊》，學林出版社，2009：117。

就能找到理由安慰我，「事情根本就沒有你想像的那麼糟糕」。其實在安慰我的過程中，他自己也得到了療癒。

當我們感到自己深陷消極情緒中不能自拔的時候，往往也是我們最需要被好好關心的時候。這個時候，如果我們能夠減少自我攻擊，停下來適當地進行自我關懷，對自己說一句：「你太累了，好好休息一下吧，別太認真了，放過自己吧。」這種及時的自我同情和關懷，對於我們平復情緒將會有很大的幫助。

第三項：過程評價技術

我們在評價自己的努力程度的時候，通常可以選擇兩種方式來評價，一種是基於過程的評價方式，另一種是基於結果的評價方式。

我們在基於結果來評價自己的時候，很容易否定自己的全部努力。而我們在基於過程來評價自己的時候，則較容易從客觀的角度來評價自己的努力。[8]

根據這項技術，我引導凱文努力去看到他在考核過程中所做出的努力，從在知名

8 伯恩斯，《焦慮情緒調節手冊》，學林出版社，2009：154。

期刊上發表學術論文，到他在申請國家級的學術研究計畫過程中所付出的努力，再到他教的課程得到了學生較高的評分等。在回顧這些過程的時候，凱文慢慢找到了自己的價值感，不再感到自己一文不值了。

雖然我們都知道「努力才會有收穫」的道理，但是很多時候努力並不能保證我們一定會得到自己想要的結果。這個時候，我們應該嘗試坦然地接納那個不完美的結果，然後在心裡默默告訴自己：「最起碼我已經努力爭取過了，即使沒得到我想要的結果，我也問心無愧。」

畢竟，**有意義的生命並不僅僅是由一個個孤零零的結果組成的，而是由一個又一個努力奮鬥的過程組成的。**

作為一名心理諮商師以及一位心理學知識的科普作者，我經常會想當然地認為，自己已經對各種消極的思維方式了然於心，也有相應的策略和方法輕鬆應對，因此不會輕易受到這些消極思維方式的干擾。

然而現實情況卻是，「知道」和「做到」之間真的有太長的距離，只要稍微不注意，我們就很容易陷入上述十種消極思維方式中。因此，以上十種消極思維方式以及三項應對技術，值得很多人收藏並且反覆提醒自己。

我自己的一個做法就是，把這十種消極思維方式製作成一張清單，貼在書桌前的顯眼處。每當感到情緒低落的時候，我就會對照這張消極思維方式清單來反思一下，看看自己是不是又陷入某一種或某幾種消極思維方式裡面了。然後，我會嘗試以上文提到的三項應對技術為武器，改變這些消極的思維方式，從而讓自己的情緒慢慢穩定下來，使躁動的心靈重歸平靜。

思維03　好好對待身體，增加積極情緒

健康的精神寓於健康的身體

有一段時間，每到晚上我的脾氣就特別大。晚上的我，就像一個打足了氣的氣球，一戳就破。

家人對這一點心知肚明，一到晚上，大家都會變得小心翼翼，生怕不小心招惹到我。但是即使他們都小心翼翼，我有時還是會因為一些小事發脾氣。發完脾氣後我又會感到後悔，於是不停反思，為什麼白天我可以控制好情緒，到了晚上卻不行了呢？

原來，在那段時間裡，一到晚上，我的胃就會隱隱感覺有些不適，我的心情就很容易受到影響，這個時候脾氣就容易變大。後來，我去醫院做了全面的檢查和治療，吃了幾個療程的藥，胃痛很快就消除了。從此，我就很少在晚上發脾氣了。

教育學家約翰・洛克（John Locke）曾說：「健康的精神寓於健康的身體。」一個人的身體狀況和他的情緒狀態是有著密切連結的。情緒會影響身體健康，與此同時，身體健康也會影響情緒。比如，我們很難見到一個體力充沛、精力旺盛、容光煥發的憂鬱症患者。

明白了身體健康狀況和情緒之間的這種密切關係後，我們在進行壓力管理的過程中就多了一種思路：有時候，我們無法馬上改變那些導致壓力的具體事件，但是我們可以透過善待身體積極地改變情緒，讓自己更加從容地面對壓力。

前些日子，我在工作方面的壓力有些大，晚上躺在床上準備睡覺時，腦袋裡經常還盤旋著各種事情，很難馬上入睡。後來，我嘗試在睡前播放一些舒緩的音樂，還翻出了家裡的香薰機，在睡前聞一些能夠使精神鎮靜的味道。沒想到，這些看起來不起眼卻能討好身體的做法對舒緩情緒竟有很大的幫助。

身體有時候就像一個孩子，如果你不好好對待它，它就會淘氣，而這種淘氣往往會以負面情緒的方式表現出來。那麼，有哪些方法可以讓我們對身體這個「孩子」進行系統性的關照，從而增加我們的積極情緒呢？下面，我就從三個方面和大家分享一下善待身體的方法。

練習正念

提起「正念」這個詞，很多人都聽說過，但是想要把這個詞的涵義說清楚，很多人都會皺眉頭。那麼，到底什麼是正念呢？練習正念對我們的情緒有什麼好處呢？下面我們來看看美國心理學家里克·漢森等人在《復原力》一書中所給出的答案：「保持正念意味著停留在當下這一刻，每時每刻，既不是白日夢，也不是沉思或心煩意亂。對當下的察覺並不難，也許就是一次或兩次呼吸之間，關鍵是要始終保持察覺。就像很多研究顯示的那樣，正念可以幫助我們減輕壓力、保持健康，還有助於調節情緒。」[9]

剛剛學習心理學時，我有些排斥正念這種方法。因為我總覺得正念離我太遙遠——練習正念的時候，需要坐在一個地方一動不動，然後不停地調整呼吸等。這種練習和那個時候活潑好動的我格格不入。後來，我發現那時的我還不理解正念的真正涵義。

9 里克·漢森（Rick Hanson）、福里斯特·漢森（Forrest Hanson），《復原力》（*Resilient: How To Grow An Unshakable Core Of Calm, Strength, And Happiness*），中信出版社，2020：27。繁體版為《力挺自己的12個練習》，天下雜誌。

隨著學習的深入，現在我對正念有了全新的認識：如果要用一個詞來概括正念的涵義，我覺得這個詞很恰當：**靜享此刻**；如果要用一句話來概括正念的涵義，我覺得這句話很恰當：**全神貫注地做好當下的事情**。

一旦理解了正念的本質涵義，我們就不難發現，在現實生活中練習正念並不難。比如，當感覺壓力很大的時候，我經常會去自己喜歡的小餐館，點一份自己最喜歡吃的番茄炒蛋蓋飯，然後用很慢很慢的速度吃完這份蓋飯。吃這頓飯的時候，我不會玩手機，而是靜靜地品味著飯菜，認真地咀嚼每一粒米，一口一口地喝完這份飯所配的湯。每當全神貫注地吃完這份餐點的時候，我就感覺特別解壓。

雖然很多在職場上打拚多年的人會對剛剛踏入職場不久的年輕人提建議：「千萬不要獨自用餐。」因為在公司吃午飯的時候，也是一個重要的社交機會，你只要好好把握，就可以和很多人建立關係、維繫感情。

但是假如你感到心太累的時候，我建議你嘗試一下獨自用餐。這樣你在吃飯的時候，就不必絞盡腦汁地去想「接下來我需要說什麼話才不會讓雙方顯得尷尬」或「我應該如何照顧對方的感受」等耗費腦力的問題。

當我們感到心累的時候，第一個需要討好的就是我們自己。這個時候，認認真真去吃一頓飯，照顧好自己的胃，照顧好自己的感受很重要。

除了在吃飯的時候練習正念，我還會在上班的路上練習正念。換了新單位之後，從我家到單位之間的路程大大縮短，我通常都選擇騎自行車上下班，單程不到二十分鐘的時間。開始的時候，在這將近二十分鐘的時間裡，我會想東想西，一直到了單位後才會收心，然後走進教室去上課。後來，我開始利用這將近二十分鐘的時間練習正念。騎車的時候，我努力做到心無旁騖地騎車，認真地感受微風拂面，認真地感受自己的呼吸，或者認真地感受雙腳用力蹬車時的感覺。

每當我練習完這將近二十分鐘的正念，走進教室上課的時候，我就感覺自己的心情特別平靜，上課的狀態和感覺都很不錯。

有一次，我受邀為大型展會的志工做減壓培訓。這些志工每天很辛苦，很晚才能回家，很多人因此感到身心疲憊。他們當中有人問我：「老師，有沒有簡單易行的方法，可以幫助我們快速減壓？」我和他們分享的方法就是結合睡前活動進行正念練習。

一個人無論白天工作多辛苦，晚上多晚才能結束工作，在睡覺前都是需要洗漱的。這個時候，你就可以把正念和洗漱相結合：全神貫注地刷牙、全神貫注地洗臉。如果平常洗臉刷牙的時間就是兩三分鐘，那麼可以把這個時間延長到八九分鐘。你在刷牙的時候，努力做到不再胡思亂想，放空大腦，只感受牙刷和牙齒接觸的感覺。同樣地，在洗臉的時候，你要努力感受水和肌膚接觸的感覺，或者感受用洗面乳按摩面部的感覺。只要十分鐘左右，你就很容易感受到精神放鬆了不少、壓力減緩了很多。

好好睡覺

不知道你是否有類似的感覺：你在前一天睡得不好，第二天的精神和注意力就很容易受到影響，還很容易變得焦慮和憤怒。上述體會實際上是有依據的，因為睡眠的確會對我們的情緒產生重要的影響。

在哈佛商學院出版公司編寫的《壓力管理》一書中，作者明確指出，「壓力過大會導致失眠，而睡眠不足則會加重你的壓力水準。無論是哪種情況都會使你變得更加緊張、更加易怒、更加焦慮」。[10]

10 哈佛商學院出版公司（Harvard Business Review），《壓力管理》（*Managing Stress*），商務印書館，2011 : 78-79。

那麼，究竟如何才能睡個好覺呢？作為一個生性敏感，同時曾經有過長時間失眠經歷的人，在如何睡個好覺的問題方面，我累積了不少的經驗。下面，我就結合睡眠指導類書籍的一些觀點，以及自己的切身體會，和大家分享一下促進良好睡眠的六個方法。

一、養成良好的晚間睡前習慣

一旦養成良好的睡前習慣，我們就可以不斷地複製自己在睡眠方面所累積的成功經驗，從而使良好的睡眠持續不斷地發生。那麼，究竟什麼是良好的睡前習慣呢？

雖然不同的人適合不同的睡前習慣，但是有一個原則是共通的：不要在睡前做太令人感到興奮的事情。例如，睡前打遊戲、進行劇烈的運動或思考複雜的問題等。

目前我所養成的睡前習慣就是，除非有緊急的事情需要回覆，否則九點之後就不再盯著手機看了，然後我會讀半個小時左右的書，和家人聊聊一天的工作。我每天只要在睡前能堅持這些習慣，很快就會感到一股睡意襲來。

二、努力做到每天早上在同一時間起床

不可否認的是，雖然我們可以透過努力養成一系列良好的睡前習慣，但是我們無法透過努力保證每天幾乎在同一時間熄燈睡覺。尤其是在職場努力工作的人，晚上經常會有臨時的工作需要處理。

比如，上司臨時安排了一些工作任務，需要加班完成；或者孩子忽然變得很興奮，吵著鬧著就是不想睡覺，等等。面對這些突發情況，我們就會對「統一入睡時間」這個小目標變得無法掌控。

但是有一件事情，我們依然可以掌控地很好，那就是努力做到每天在同一時間起床。很多人喜歡在週末和節假日晚睡晚起，美其名曰：「為週一到週五睡眠不足的自己補個眠。」其實這樣反而容易打亂睡眠規律，降低睡眠效率。

在《睡個好覺》一書中，作者給出的建議是：「不管你晚上睡了多久，第二天都要在同一時間起床，而不要長時間清醒地躺在床上，從而降低了睡眠效率。」[11]

11 汪瞻、歐陽萱，《睡個好覺》，中信出版社，2021：207。

三、睡覺前三十分鐘不要看電腦、玩手機

之前我有個不好的習慣，喜歡睡前玩一會兒手機，犒賞一下自己。結果發現，玩手機時間一長，大腦就特別容易興奮，從而出現「感覺身體很疲憊，但就是睡不著」的情況。

這背後的原因是：「手機螢幕的光線很亮，會使人體生成的褪黑激素減少大約百分之二十二。一旦褪黑激素受到這種程度的抑制，人的生理週期就會受到影響，比如始終處於淺眠，或者睡眠時間大大減少。」[12]

當我在課堂上跟學生分享「睡前不要玩手機」這個心得體會的時候，有個學生馬上反駁說：「老師，我每天晚上睡前都玩手機，感覺玩累了之後也能睡著啊！」

實際上，即使這位同學覺得玩手機不影響睡眠，但他的睡眠品質也會受到影響。因為睡前長時間玩手機會讓人始終處於淺眠狀態，或者睡眠時間比之前大大減少。

12　汪瞻、歐陽萱，《睡個好覺》，中信出版社，2021:37。

四、睡前不要吃太多東西

關於這一點建議，相信腸胃不太好的朋友一定有很深的體會。即使腸胃很好的人，睡前吃太多東西，也會對腸胃系統造成負擔。一個人在感到腸胃不舒服的時候，是無法安然入眠的。

讀到這裡，也許有人會說，那我睡前就是感覺很餓怎麼辦？在《睡個好覺》一書中，作者給出的建議是，可以攝取少量的碳水化合物，如餅乾、麵包片等零食。與此同時，香蕉也是不錯的助眠食物。因為香蕉富含色胺酸，而色胺酸又是天然胺基酸的一種，可以促進大腦分泌「減緩神經活動，讓人安定放鬆並引發睡意的神經傳導物質」。[13]

五、養成運動的習慣，有助於促進睡眠

我每天都有吃完晚飯後散步的習慣，一方面是因為吃完晚飯後如果不動一動，就很容易覺得胃裡面的食物難消化；另一方面，我發現，只要每天能夠走夠一萬步，晚

13 汪瞻、歐陽萱，《睡個好覺》，中信出版社，2021:27。

上的睡眠就會非常香甜。

我發現，不同的睡眠指導類書籍，幾乎都會提到「運動有助於促進睡眠」的觀點。我對這個觀點的理解就是，當我們的腦力活動和體力活動保持在一個平衡狀態的時候，就有助於促進睡眠。如果一個人整天想很多事情（腦力活動很多），但是很少去活動（體力活動很少），那麼這種平衡就會被打破，他就很容易失眠。

關於這一點，我是有切身體會的。二〇〇九年，我幾乎一整年的時間都是在斷斷續續的失眠中度過的。在那段時間裡，我沉溺於思考各式各樣的問題，這種思考有時會帶有強迫的性質，很難靠意志力讓這種強迫性思考馬上停止。由於每天都沉浸在無邊無際的思考中，所以我的大腦一方面感覺很累，一方面又處於一種高度啟動的狀態，晚上到了該睡覺的時候也沒有睡意。那種感覺真是糟透了，直到現在我還記憶猶新。

在失眠的那段時間裡，只有一件事情可以讓我停止那種綿延不絕的思考，那就是和同學一起打籃球。在打籃球的過程中，我的注意力可以得到轉移，運動帶來的身體疲憊感也會促進睡眠。只可惜，那時的我對「運動可以促進睡眠」的觀點還缺乏深度的理解，尤其是在心情低落的時候，很難提起興趣或者鼓起勇氣跑到球場去打籃球，錯過了很多原本可以促進睡眠的機會。

值得一提的是，晚上睡前洗個熱水澡，也會達到和有氧運動類似的效果。「睡前一個半至兩個小時來個熱水澡有助於深度睡眠，能產生像有氧運動一樣的積極睡眠效應。」[14]

六、實在睡不著的時候，不妨起床做點有價值的事情

從心理學的角度分析，失眠有時候是我們身體的內在智慧對我們的一種提醒：我們的生活中還有很多問題沒有得到妥善解決，或者未來即將發生的某件事情可能超出了我們的能力範疇。

面對這些懸而未決的事情，有時候最好的化解方法就是正視問題、迎難而上。畢竟，對於任何一件事情，你躺在床上想再久，只要不動手去做，就很難發生一絲一毫的積極轉變。

讀博士期間，雖然很累，但是我每天都過得很充實，所以很少出現晚上失眠的情況，只有一天晚上例外。那天晚上，我因為還沒在學術期刊上發表論文而發愁，假如

14 汪瞻、歐陽萱，《睡個好覺》，中信出版社，2021：211。

不能按時發表論文，就會影響博士學位的申請。恰恰在那天晚上，我想到了一個論文選題，但是不知道是否可行，所以躺在床上翻來覆去，怎麼也睡不著。我想，實在睡不著也不要強迫自己睡，不如起來列一個論文寫作的計畫。

後來，我起床開燈，花了大約一個小時的時間收集了一些資料，列了一個簡單的寫作大綱，更加確定這個選題方向是可以寫的。心裡踏實了，我再回到床上睡覺，很快就睡著了。

堅持運動

增加積極情緒最快速、通用、經濟的方法，恐怕非運動莫屬了。回想每次在籃球場上和朋友們打籃球的時光，基本上都是我情緒發洩最為徹底、心情最為舒暢、身體最為放鬆的時刻。

運動不僅能有效地增加積極情緒，也能有效地減緩消極情緒。相關研究發現，對於緩解焦慮情緒和憂鬱情緒，運動都有很好的療效。

首先，運動可以透過分散和轉移一個人的注意力、緩解肌肉緊張等方式來幫助化解焦慮情緒。[15]

其次，運動還可以透過促進多巴胺、內啡肽等「快樂因子」的分泌，促使大腦提高自尊感等方式減少憂鬱情緒。[16]

而最讓我感到印象深刻的一項研究結論是：「在治療憂鬱症方面，有氧運動竟然和抗憂鬱藥物具有同樣的效果，並且其效果不亞於兩者同時進行。」與此同時，和抗憂鬱的藥物相比，「運動比藥物便宜多了，而且除了一開始出現的身體酸痛，通常不會有其他任何副作用」。[17]

多年前，我去澳洲進修的時候，曾被外國朋友特別注重運動的理念所震撼。每天，房東老太太都會堅持早起，和她的夥伴們一起去附近的山上進行叢林散步（bushwalking），等到她散步一大圈回來之後，我才懶洋洋地從床上爬起來。這個時

15 瑞迪（John J. Ratey）、哈格曼（Eric Hagerman），《運動改造大腦》（*Spark: The Revolutionary New Science of Exercise and the Brain*），浙江人民出版社，2013：98-99。繁體版為《運動改造大腦》，野人。

16 瑞迪、哈格曼，《運動改造大腦》，浙江人民出版社，2013：111。

17 索尼婭．柳博米爾斯基（Sonja Lyubomirsky），《幸福有方法》（*The How of Happiness*），中信出版社，2014：216。繁體版為《這一生的幸福計劃》，久石文化。

候，我能感覺到剛散步回來的老太太整個人都是精神煥發、活力無限的。

我吃過早飯後，在去學校的路上，隨處可見到騎登山車健身的人，以及圍著植物園慢跑的人。在我迎面路過的時候，他們當中還有不少人會和我打招呼。有一段時間，我是來學校進行交換學習的德國留學生的班主任，發現他們對運動這件事情最為上心。他們一到學校，幾乎都會問我同樣的問題：學校的運動健身場所在哪裡，健身房裡的設備有哪些，附近是否有可以散步的公園等。

讀到這裡，相信大家對運動為情緒帶來的益處有了一定的了解。接下來我們所要面對的問題是，如何真正地讓自己運動起來。為此，我專門請教了身邊幾位長期堅持運動的朋友，然後結合自己的體悟和大家分享三個建議。

一、從簡單的活動開始，改善自己的心情

一提起運動，很多人就覺得這是一件非常麻煩的事情，因為它通常意味著需要換衣服、洗澡等。其實，如果只是想透過運動增加積極情緒，完全不需要那麼複雜。畢竟，只要我們的身體一活動，大腦馬上就會分泌多巴胺一類的「快樂因子」。

有時候，一些簡單的活動，就可以讓我們的心情變得舒暢，使腦力得到快速恢復

和補充。比如，從座位上站起來伸個懶腰，在辦公室裡來回走動一下等。在家寫這本書稿的時候，我經常走出家門活動一下，在社區裡散散步。這些簡單的活動，都可以讓我放鬆精神。

我身邊還有些朋友，在了解「站起來動一動」的好處後，還想出了更多的點子督促自己多動動。有一位同事的方法是，每天堅持多喝水，這樣就會增加去洗手間的次數，如此一來不僅可以補足身體的水分，還可以創造更多的機會活動一下；另一位朋友的方法是，每次在接電話的時候都會站起身來，來回走動著接聽，這樣就可以順便增加活動量；還有一位兄弟，雖然上班的地方離家很近，但是如果遇到心情低落的時候，他就會選擇先去離家不遠的公園走一大圈，等心情平復之後，再帶著一臉微笑踏入家門。

人都是有惰性和慣性的，只要事情一多，很多人就會養成久坐不動的壞習慣，任由工作的壓力把自己慢慢侵蝕，專注力越來越差，心情越來越糟糕。有的人，實在感覺太累的時候，會習慣性地掏出手機，把玩手機作為放鬆的方式。其實，此時的最佳休息方式是站起來活動一下，這才屬於積極的休息。否則我們的大腦會更加疲憊，精神和情緒總是無法得到真正的放鬆。

二、把握好運動的度，過猶不及

我是那種一上籃球場就衝得很猛的人，所以我的體力消耗得很快，很容易運動過度。有時候，我感覺自己的體力消耗到上限了，還會硬撐著再多打一會兒。這樣導致的結果就是，即使休息了一晚上，體力依然得不到很好的恢復，接下來的幾天我都會感覺腰酸背痛，無法快速恢復。

而最好的運動狀態，要控制在「過度」和「不及」之間。後來，我慢慢把握好了這個度，基本上運動一個小時後就停止。因為經過反覆試探，這種運動強度恰好可以保證我在晚上睡好覺的同時，第二天又不至於感覺太累。我在找到適合自己的體能界線之後，就要溫柔又堅定地維護好這個界線。

此時，不管哪位球友上前勸說讓我再多打一會兒，我都會微笑著拒絕。因為我明白自己打球的目的就是鍛鍊身體、煥發精神，其他目的都得為這個目的服務。

三、堅持的源動力是興趣，篩選出自己喜歡的運動項目

我的好朋友藍雪，是一位運動達人，他長年累月地堅持運動，總是一副活力滿滿的樣子。有一次，我向他請教，他是如何做到長期堅持運動的。他非常認真地和我分

享了他的一套運動哲學：「我始終把運動當作目的本身去享受和體驗，而不是把運動當作達成某項目標的工具或手段（例如減肥、塑身、增肌等，當然一開始大部分人或多或少都是帶著這樣的目的進行運動的）。把運動當目的，可以讓我一直享受運動本身帶來的樂趣，它成了我日常生活一個重要的組成部分，我不會因為達成某個其他目標而放棄運動。」

我覺得他說的話很有道理。任何事情，堅持的源動力都來自興趣。離開了興趣，你可以強迫自己堅持一段時間，但是很難長久地堅持下去。運動也是同樣的道理。所以，我們如果想養成堅持運動的習慣，最好從自己的興趣出發，選擇自己喜歡的運動項目並堅持下去。

比如，有的人喜歡玩團體運動項目，如籃球、足球、羽毛球等，有的人則鍾情於一個人的運動，如游泳、慢跑或散步等。無論哪種運動項目，只要你發現自己在運動過程中能頻繁地產生心流體驗（一種全神貫注、身心合一、深深地沉浸其中的快樂體驗），那或許就是內在智慧在提醒你，這項運動值得你長期堅持。

祝你運動快樂！

思維 04　找到壓力來源，進行系統應對

讓你情緒低落的真正原因是什麼

二〇二一年，雖然有很多不捨，但是我依然下定決心，從工作了十年的單位離職了。

那是我奮鬥過十年的地方，留下了太多美好的回憶，單位的上司和同事都對我非常關心和照顧。這份沉甸甸的情誼我很難說放就放。

既然原先單位還不錯，為什麼我還要選擇離職呢？答案其實很簡單，就是我個人方面出現了一些問題：我發現自己過得越來越不開心了。我也曾做過很多的努力和調整，試著讓自己變得更加開心一些，但是很遺憾，這些努力和調整收效甚微。

後來，我慢慢發現，如果不找出導致自己情緒持續低落的真正原因，那麼永遠都

沒有辦法從根本上解決問題。

這就涉及壓力管理中的一個重要術語：壓力源。我們可以將壓力源理解為「導致我們心情低落或者感到無助的根本原因」。那麼，導致我情緒低落的壓力源是什麼呢？

經過一番分析，我發現自己有兩個主要的壓力源：

第一個壓力源是來自身體方面的疲憊。由於家離單位很遠，每天上班和下班單程就要花費將近兩個小時。這對於一個人的體力和精力來說，都是一個極大的考驗。

第二個壓力源是來自工作方面的職業倦怠感。之前我的工作內容以行政事務為主，時間久了，留給我發揮個人優勢的空間越來越有限，工作壓力日益增大。我是一個特別留戀三尺講臺的人，每次站到講臺上，就感覺渾身有用不完的活力。尤其是拿到博士學位後，我這種「想要在某一領域進行較為深入的研究，同時每天都有更多時間為學生上課」的衝動變得更加強烈了。

在找到了自己的壓力源後，我首先做出的改變就是積極調整自己的心態，看看能不能在不離開原先工作單位的前提下努力適應工作。

比如，我嘗試不必每天都回家，而是一週有幾天時間住在學校的教師公寓，這樣可以在一定程度上緩解每天路上來回奔波的疲憊。可是，住在學校的日子，我又很惦記家庭的溫暖。尤其是晚上和兒子視訊通話的時候，只要兒子說一句「爸爸，你今晚怎麼又不回來陪我玩了」，我就恨不得馬上飛回家。

同時，我嘗試把工作中的壓力看作激發自身潛力的動力，努力提高工作效率，心想這樣就可以擠出更多的時間用來看書、學習、備課，然後充分利用晚上的時間為學生講課。可是，人的精力畢竟是有限的，雖然經過不斷地摸索和學習，我已經養成了一套高效做事的習慣，但是出於種種原因，我依然無法抽出更多的時間為學生上課，也沒有時間和學生進行更加充分的交流。

經過上述一番探索後，我發現，除非鼓起勇氣辭掉工作，找一份專職教師的工作，否則我很難戰勝累積已久的職業倦怠感。畢竟，我已經花了將近十年的時間調整自己的心態，能嘗試的方法我已經嘗試得差不多了。我如果不從根本上解決問題，就很容易讓問題發展得越來越嚴重。

下定決心辭職後，我列出了下一份工作必須要滿足的兩個條件：第一，離家近一點，可以有機會讓自己的身體好好休息；第二，做一名以講課為主的專職教師，可以讓自己的優勢得到充分發揮。

一個人一旦確定了自己想要的是什麼，身邊的很多資源就會悄悄向其靠近。後來，我順利通過另外一所高校的面試，找到一份離家不遠又允許我專心教課的工作。

雖然我做出離職這個決定並不容易，但是機會來臨的時候也容不得我有太多的猶豫，因為我內心十分清楚一件事情，作為一名以傳播幸福知識為己任的老師，如果自己都無法鼓起勇氣去追求幸福，那麼將來怎麼說服和推動別人去追求幸福？

在鍵盤上敲下上述這段文字的時候，我已經入職新單位有半年多的時間。雖然離開熟悉的人脈圈子，到了一個全新的單位開始工作，也面臨著重新適應的問題，比如熟悉新工作、熟悉新同事等。但是，畢竟那些真正困擾我的壓力源因為換了工作都已不再繼續困擾我了，剩下的那些適應新環境等方面的問題，時間會慢慢醞釀出答案，我並不擔心。

現在的我，不需要在通勤上花費太多時間，所以有了更多時間用來讀書和寫作。此外，每次想到第二天就要到學校講課給學生聽時，我整個人都感覺心情舒暢，對未來充滿了期待。總之，我整個人的狀態煥然一新。

或許你也會在人生中的某個時刻放下手中的事情，坐在自己的座位上，情不自禁地感嘆一句：「心好累呀，壓力好大啊！」可是，如果對於這些壓力究竟來自哪裡一無所知，你就很難找到真正有效的對策。

然而，我們想要停止各種突如其來的莫名煩躁和持續的心情低落，就要做到對症下藥。首先，請找到自己的壓力源。

三類常見的壓力源以及兩類壓力應對策略

我們可以將生活和工作中的壓力源分為三大類，分別為**關係壓力源**、**身體壓力源**以及**工作和金錢壓力源**。[18]我們可以對照以下三類壓力源所包含的具體內容，進行一個簡單的自我評估，看看自己目前在哪些方面存在問題，再有針對性地應對和處理。

第一類：**關係壓力源**。主要包括婚姻關係、親子關係、朋友關係、同事關係、和父母之間的關係等方面的內容。比如，小王很喜歡自己的工作內容，卻被迫從公司離職，只因為她和自己的上司、同事不能相處得很好。她每天都需要花大量的精力用來

18 英國 DK 出版社，《壓力心理學》（*Stress: The Psychology of Managing Pressure*），電子工業出版社，2019：25。

應付人際關係方面的問題，不堪重負。

第二類：身體壓力源。主要包括身體有慢性疾病、剛剛生病或者住院治療、有睡眠障礙、有心理方面的困擾、對自己的體重不滿意、酒精成癮等方面的內容。比如，我的一個學生非常在意自己的體重，所以在飲食方面節制得很嚴格。對於她來說，大部分的開心和不開心都源自於自己體重的變化。

第三類：工作和金錢壓力源。主要包括工作的要求超出自己的能力、個人與職業不契合、失業的風險、晉升困難、難以應對各項家庭開支等方面的內容。比如，小麗在生活中是一個活潑開朗的人，可是每次上班的時候都愁眉苦臉，因為在工作中她經常會有不勝任感。她學的是文科，現在卻被調到了一個整天要和數據打交道的部門。

在確定了壓力源後，我們就需要考慮如何積極應對問題。總的來說，心理學上將壓力應對策略分為兩大類，即「以問題為中心」的壓力應對策略和「以情緒為中心」的壓力應對策略。[19]

所謂「以問題為中心」的壓力應對策略，主張採取有效的措施和積極的行動，處

19 英國DK出版社，《壓力心理學》，電子工業出版社，2019：26-27。

理和應對那些導致壓力產生的具體問題。而「以情緒為中心」的壓力應對策略，主張透過改變自己看待問題的認知方式，盡可能降低對壓力情境所產生的過度反應。

我們在現實處境很難得到改變的時候，應當首先考慮「以情緒為中心」的壓力應對策略。

比如，上司否決了小A辛辛苦苦花了兩個星期做出來的一個活動企劃案，還批評小A觀念陳舊、缺乏創意，這讓小A感覺很受挫。面對此類工作上的「打擊」，小A就可以考慮採用「以情緒為中心」的壓力應對策略。比如，小A可以不必把上司的批評看作對自身能力的徹底否定，進而萌生出「反正我在這家公司混不下去了」的想法，最終採取以「破罐子破摔」的心態做事情。其實，小A可以嘗試把上司的批評看作對自己的一種鞭策。畢竟，隱藏在上司批評話語背後的，可能是上司的用心良苦，也許上司希望小A成長得更快一點。

小A如果能夠用相對積極的心態和視角看待上司的批評，就不會因為上司的一句批評黯然神傷太久，從而更快地從負面情緒中走出來，全心投入工作。

我們在現實處境可以得到改變並且時機合適的時候，應當考慮運用「以問題為中心」的壓力應對策略。

比如，小B接到了上司臨時交代的一項寫作任務：草擬部門的年度發展規劃，感覺壓力很大。對於他來說，這個時候所能採取的最佳應對方式，就是馬上去處理導致壓力產生的現實問題（以問題為中心的壓力應對策略），收集資料、撰寫大綱、盡快動筆去寫。一旦完成這項寫作任務，小B的壓力就會消失。如果此時小B採取的是「以情緒為中心」的應對策略，雖然他從積極的視角看待這個突如其來的任務，但只是不斷告訴自己「我辦得到」，就很難發揮特別好的效果。

下面我們來看看，如何在現實生活中有效地運用這兩大類壓力應對策略。

以情緒爲中心的壓力應對策略

實際上，我們可以把「以情緒為中心」的壓力應對策略概括為以下三點：**無條件地接納自我、無條件地接納他人、無條件地接納生活。**

這三點不是我隨口說的，而是美國著名的心理學家、理性情緒行為療法之父阿爾伯特·埃利斯的真知灼見。他認為，理性情緒行為療法有三大基本哲學觀，就是無條件地接納自我、無條件地接納他人、無條件地接納生活。[20]當我們面對一些很難改變的壓力情境的時候，這三點對我們改變自己的認知，有效調整自己的情緒，將會有很大的好處。

一、無條件地接納自我

很多人的焦慮，都是由於不能接納自我造成的。例如，我的一個學生小娜剛剛邁入職場，工作很努力，但是最近在工作上犯了一個小錯誤：在整理會議記錄的時候，她把一個部門上司的名字打錯了一個字。

發現這個錯誤之後，小娜感到非常焦慮，馬上跑去和上司道歉。上司回覆說：「沒事，下次注意就行。」但即使是這樣，小娜也不能原諒自己。在接下來的兩天時間裡，她始終對這件事情耿耿於懷，不停地責怪自己：為什麼沒有多檢查幾遍再提交資料。

根據我對小娜的了解，她不是那種粗心的人。她會犯錯，很可能和她在那段時間

20 阿爾伯特·埃利斯（Albert Ellis），《理性情緒》（*How to Stubbornly Refuse to Make Yourself Miserable About Anything--Yes, Anything!*），機械工業出版社，2014：前言12。

工作特別忙碌有關。其實，很多人都可能會忙中出錯，小娜完全可以放過自己，全心投入接下來的工作中。

然而，她是一個不能做到接納自我的人。她總是覺得，只有當自己表現完美的時候才是有價值的，否則自己就會顯得很沒用。因此，所有的事情，她都想做到盡善盡美，不允許自己犯錯。與之相隨的，就是源源不斷的壓力感和焦慮感。

對於小娜來說，她要學會接納自我。她需要不斷告訴自己：「即使沒那麼拚命努力，即使偶爾犯一點小錯，我也是有價值的，我也值得被尊重和被關愛。」我對小娜說，這句話，如果重複一百遍還沒有效果，那就重複一千遍。

當我們對自己的體態、容貌等先天條件不滿意的時候，我們就可以嘗試在大腦中不斷地重複這句話：「我需要無條件地接納自我，因為酸酸甜甜就是我。」

二、無條件地接納他人

這一點，特別適合用於處理關係類的壓力源。

曾有一段時間，為了配合疫情防控，學校要求學生每日透過網路上的一個系統報告自己的健康狀況。系統操作流程並不麻煩，學生掃碼進入，二十秒內肯定能填好。

當時我帶了一百八十三名學生，要確保這些同學在每天上午十點前完成健康情況報告。可有些同學總是忘記上報。

有一個同學，在他忘記完成報告的時候，我傳訊息給他不回，打電話也不接，真是讓人著急。最後沒有辦法，我只能打電話給他家長，讓家長提醒學生。沒想到接到家長的電話後，學生非常不耐煩地打電話給我：「好的，知道了，剛才我已經填過了！」

我這邊還想多叮囑兩句，而對方已經掛斷電話。於是，我又編輯了一段長長的訊息發過去，希望學生能夠明白學校的用心良苦。可是學生沒有任何的回覆。這個時候，我感到有些焦慮，心想這個學生為什麼會這麼討厭老師。

後來，透過和另外一位老師聊天，我才知道，這個學生從小很少得到父母的關愛，他對所有人都很冷漠。從心理學的角度分析，冷漠是一種防禦機制，其潛臺詞是，「我害怕再次受到傷害」。了解了這些資訊之後，我瞬間就不生氣了，反而覺得這個學生需要被好好關心。

在生活中，我們經常會遇到一些所謂的「奇葩」，然後發出「這個人怎麼能這樣做」的感慨。其實，我們之所以會覺得某個人是奇葩，真正的原因往往是我們並不了解「他」。那些脾氣火爆的人、態度冷漠的人、自私自利的人，除了有少許的遺傳因素，很多人都是因為缺少關愛或者受到過打擊才形成了現在的性格。

你一旦了解了一個人的成長經歷，就不會覺得他的行為「難以理解」了。所謂接納他人，實際上就是要承認每個個體都是不一樣的，我們來自不同的成長環境，行為處事方式自然大不相同，我們不能苛求別人總是按照我們的意願或想法行事，我們能做的是盡量理解、接納他人。

三、無條件地接納生活

你如果很容易因為工作或生活中遇到的難題而抱怨不斷，那麼你特別適合經常在心中默念這句話：「我要嘗試無條件地接納生活。」

最近有一個朋友和我在網路上聊天。朋友說，他這幾天居家辦公，各種新的突發狀況不斷，一件事情剛剛做完，下一件事情又來了，感覺比平時上班累多了。有時候，他好不容易閒下來，可以稍微放鬆一下了，馬上又擔心是否會有新的問題冒出來。

每次遇到新的問題，他的口頭禪就是：「我的天，怎麼會有這麼多事情，還讓不讓人活了！？」對於這個朋友來說，他之所以經常會為工作上的新問題感覺焦慮不已，是因為他一直抱有這種觀點：「工作和生活應該是順順利利的，否則我就要生氣。」

這就是不接納生活的一種表現。人生苦難重重，只要活著，每天就會有不同的問題出現。而我們能做的，就是無條件地接納生活。具體來說，就是接受不能改變的，改變可以改變的。

難，是生活和工作的常態。一個人，只有勇敢地接納生活中的各種難題，不輕易被難題嚇倒，才不會產生那麼多的焦慮和恐慌情緒，從而更加從容地面對各種壓力。

以問題爲中心的壓力應對策略

在了解完「以情緒為中心」的壓力應對策略後，我們再來了解一下「以問題為中心」的壓力應對策略。

我們也可以把「以問題為中心」的壓力應對策略概括為三點：收集有助於解決問題的資源、鼓起勇氣做出改變、用小的改變撬動大的改變。那我們如何在日常工作和生活中去運用這三點呢？

一、收集有助於解決問題的資源

俗話說，磨刀不誤砍柴工。解決問題之前，我們應當先盡可能去收集一些有助於解決問題的資源，這樣才能取得「事半功倍」的效果。那麼，有哪些常見的資源可供我們借助呢？

首先，讀書。每次在遇到一本心理學方面的好書時，我就會忍不住發出這樣一句感嘆，如果能早點讀到這本書，就不用一個人苦苦思索這麼長時間了，可以少走很多彎路！書籍是我們在解決問題之前可以借助的一個重要資源，因為裡面包含了很多前人的智慧。在生活中遇到某個問題時，我們可以嘗試問自己：「我是否可以嘗試透過讀某一本書來解決這個問題？」比如，我們總是感覺自己的時間不夠用時，可以嘗試去讀時間管理方面的書；我們總是為如何理財而感到困惑時，可以嘗試去讀幾本理財方面的書。要知道，煩惱太多的人，往往都具備一個共同的特徵，他們喜歡閉門造車，總是讀書太少、想得太多。

其次，向有經驗的人請教。你加入一個新的部門，接到一項新的任務，遇到一個新的問題，都應該考慮向有經驗的人請教。及時向別人請教的人，可以積極借鑑別人的經驗，少走很多彎路。你在向別人請教時，不用害怕被別人拒絕。只要你態度真誠又謙虛，大部分人都有樂於助人的傾向，因為每個人都希望展現自己成熟、專業的一面，在指點別人的過程中獲得價值感和存在感。

最後，嘗試付費諮商或培訓。有的行業精英，普通人難以接近，但是這些行業精英往往擁有常人難以企及的資源和智慧。這個時候，我們可以嘗試透過付費的方式去接近這些行業精英。要知道，付費是對他人時間和價值的一種尊重。比如，對職業生涯感到迷茫的時候，我就在網路上找到了一位職場專家，付費進行了諮商，他很快就幫我理清了個人發展的思路。再比如，我們也可以參加行業精英主辦的培訓班，從而有機會近距離地接觸他們，然後透過積極提問或者在培訓班上努力表現自己等方式，獲得行業精英的一對一指導。

二、鼓起勇氣做出改變

很多人在生活或工作中遇到難題後，常常深陷消極情緒中不能自拔，歸根結柢是缺乏改變的勇氣。

比如，在我拿到博士學位後，有一些年輕的同事過來向我請教報考及攻讀博士的相關問題。在了解了報考及攻讀博士會遇到的一系列難題後，很多人打退了堂鼓，因為他們缺少足夠的勇氣做出改變。然而，無法鼓起改變的勇氣，就只能在自己不喜歡的工作上待更長時間，持續地感受著源源不斷的慢性壓力。

再比如，一位朋友曾向我詢問關於換工作方面的問題。他在高校從事行政工作，覺得目前的工作無法充分發揮他的潛力，他更想成為一名高校英語老師，於是他託我幫他留意。有一次，我得知一所高校正在招聘英語老師，於是趕忙把招聘訊息轉發給他。但是他有些猶豫地對我說，這所高校不是事業單位，沒有編制，他擔心不太穩定，所以他想再考慮考慮。現在一年時間過去了，我發現他的朋友圈依然在發一些消極的動態，替他感到惋惜。有時候，我們考慮得太多、什麼都想要，是很難鼓起勇氣做出改變的。

生活中的很多難題，都需要我們鼓起勇氣才能去攻克。時機到來的時候，過分猶豫只會讓我們錯過更多的機遇，然後停留在原地，垂頭喪氣。

三、用小的改變撬動大的改變

正如《道德經》所云：「天下難事，必作於易。天下大事，必作於細。」其實，無論多麼難做的事情，都可以被拆解成一件一件相對容易做的事情。

比如，發表一篇論文很難，但是可以把發表一篇論文拆解成收集相應的參考文獻、閱讀文獻找靈感、列出論文寫作大綱、每天完成一部分寫作內容、初稿完成之後找高手提修改意見、修改稿子、投稿、和編輯溝通等一些相對容易的環節。

我們解決問題時所持有的自信心，有時候就像一個「零存整付」的存錢罐，每當完成一個小的任務，我們的自信心就會提升一點。我們完成的小任務越多，我們的自信心就會變得越強大。

克服畏難心理的最佳方式，就是從做出小的改變開始，然後用小的改變不斷撬動大的改變。也許我們沒有辦法一下子完成某個艱巨的任務，但是我們可以選擇每天完成一點點，然後隨著時間的推移，逐漸完成一個看似不可完成的艱巨任務。

總之，遇到難題的時候，你別想太多，馬上去做吧。

思維05　養成設定目標的習慣，讓自己變得更加專注

有目標，才會全心全意投入

寫這篇文章的時候，正值學校放暑假。每天吃完早飯後，我都會坐在書桌前，按時完成自己設定的每天兩千字的寫作任務。

朋友曾問我，假期不應該好好休息放鬆一下嗎？每天堅持寫作不累嗎？

說實話，寫作沒靈感的時候或者對自己寫的東西不滿意的時候，我會感覺心累。但是在大多數時間裡，我感覺自己在全心全意地做一件事，經常會產生心流體驗。從表面上看，完成當天的寫作目標是一種壓力，但正是在這種適度的壓力下，我的潛力得到了更加充分的發揮，我寫作時變得更加心無旁騖、全神貫注、一心一意。正因為有這個寫作目標的存在，我感覺自己的假期過得充實又有意義。

很多人都容易心存錯誤的假設，認為設定目標會束縛我們，會讓我們變得不自由。然而事實並非如此。正如泰勒．本—沙哈爾在《幸福的方法》一書中所說：「目標的作用是為了幫助我們解放自我，這樣我們才能享受眼前的一切。如果我們盲目地踏上任何旅途，那過程本身肯定不會有什麼樂趣……那樣我們將無法享受旅途本身和風景等美好的事物，只會被猶豫和迷惑所吞噬——我這麼走可以嗎？我在這裡轉彎會走到哪裡去？所以，只有當我們確認目標之後，我們才能把注意力放在旅途本身上。」[21]

很多人都渴望假期的到來，但是等到假期真的到來，又會覺得非常乏味。因為不少人都缺少設定目標的習慣，當假期到來的時候，無非就是晚起一點，然後隨心所欲地躺在床上滑滑手機，任由時間就這樣慢慢地過去。這種漫無目的的生活方式，很容易讓人感到精神上的空虛。

一個人一旦學會主動為自己設定目標，即使是一個休閒的目標，也很快就會變得更加投入。比如，如果週六早上你定好了「和朋友一起去爬山」的目標，那麼週六你

21 泰勒．本—沙哈爾（Tal Ben-Shahar），《幸福的方法》（*Happier: Learn the Secrets to Daily Joy and Lasting Fulfillment*），中信出版社，2013：66-67。繁體版為《更快樂》，天下雜誌。

就不會漫無目的地賴床，而是興致勃勃地選擇早起，然後盡情享受爬山的樂趣。

工作的時候，為自己設定明確的目標同樣重要，因為這是讓我們更加投入地工作、提升工作效率的一個重要前提。如果你是一位職場人士，不妨仔細觀察和採訪一下那些每天都全心投入工作中，一直努力工作的人，他們往往都有明確的奮鬥目標。

而那些一進辦公室就總想著先和別人聊個天，沒事這邊晃晃那邊晃晃的人，往往都是缺乏明確目標的人。從表面上看，他們好像偷了懶，減少了一些工作上的壓力，但實際上他們丟掉了更加重要的東西：由於他們不曾為工作拚盡全力，因此永遠無法享受到那種心曠神怡的、全心全意投入工作中的樂趣。

在做心理諮商的過程中，我有一個很深的感受，那就是諮商目標對於諮商師和來訪者積極投入諮商過程具有非常大的作用。如果缺少一個明確的諮商目標，諮商過程就會缺乏實效。一旦諮商師和來訪者共同確定好諮商目標之後，來訪者往往會顯得更加積極，朝著設定好的目標做出努力。對於諮商師來說，一旦確定好目標之後，也會變得更加專注地推動著來訪者朝著設定好的諮商目標不斷邁進。[22]

22 江光榮，《心理諮詢的理論與實務》，高等教育出版社，2012：69。

總之，我們只有養成設定目標的習慣，才能跟隨目標不斷向前，在工作和生活中變得更加投入，才有機會享受專注的快樂。如果生活中缺少目標，我們就很容易活得渾渾噩噩，精神頹廢、毫無生機。

設定目標的四項原則，讓生活始終保持充實感

雖然上文中列舉了設定目標的一大堆好處，但設定一個好的目標並不容易。我曾聽學生跟我說，她的新年目標就是「活出更加精彩的自己」。這個目標，聽起來很勵志，事實上卻是一個很糟糕的目標，因為這個目標太空泛、太不明確，最終很難轉化成改變現實的積極行動。

那麼，究竟什麼樣的目標才能算作一個好目標呢？下面，我和大家分享一下設定目標的四項原則。

一、根據長期目標確立短期目標

當看不到未來的時候，我們就很容易把握不好現在。我們在不知道該確立一個什麼樣的短期目標的時候，往往是因為缺乏一個清晰的長期奮鬥目標。我們可以環顧一下四周，很容易發現那些整天活得渾渾噩噩的人，往往是對未來感到十分迷茫的人。所以，我們只有先確立長期奮鬥目標，才能更加明確當下應該完成哪些短期目標。

寫這篇文章的時候，正好是星期一。這個星期，我至少要完成一萬字的寫作任務。之所以要完成這樣一個短期目標（週目標），是因為我有一個長期奮鬥目標：我想成為一名暢銷書作者。所以，每當我端坐在電腦前，克服自己的惰性，劈里啪啦地在電腦上敲出一行又一行字，努力完成當日或者本週的寫作任務的時候，背後都有一個重要的動力源，那就是我感覺自己正在朝著「成為暢銷書作者」這個長期目標邁進。

當然，在「成為暢銷書作者」的長期目標背後，還隱藏著一個更加宏大的目標，那就是成為一名傳播幸福知識的優秀作者，透過自己的努力讓這個世界變得更加美好。

讀到這裡，也許有人會說：「但我就是不知道自己的長期目標是什麼，該怎麼辦？」二〇〇五年，蘋果公司前執行長賈伯斯（Steve Jobs）在史丹佛大學的演講中曾經給出過一個答案：「Keep looking, don't settle.」（繼續尋找，不要停歇。）其實，一個問題只要被明確地提出來，我們就已朝著解決這個問題邁出了堅實的一步。

接下來，我們可以透過多探索、多試錯、多讀書、多向有經驗的人請教等方式，讓自己的長期奮鬥目標越來越清晰。我自己也是在做過英語培訓教師、行政管理、實習教務、兼職銷售、幸福課老師，以及有過短暫的創業經歷之後，才確立了自己的長期奮鬥目標的。

二、學會設定明確又具體的目標

模糊的目標，往往沒有任何激勵作用。比如，「今後我要多讀書、多運動、對自己好一點」，這一類目標就屬於非常模糊的目標，在口中說說很容易，但是很難在現實中落實。

我曾不只一次聽到身邊的某位朋友對我說：「靜下心來讀書真的太重要了，但就是抽不出時間來讀書啊。」如果是比較要好的朋友對我這樣說，並且他真的想要得到一些具體的建議，我就會告訴他：「想要讓目標執行得更好，你就一定要學會設定明確又具體的目標。」

還是以讀書為例。如果把「今後我要多讀一點書」這個模糊的目標轉化為「在接下來的一年中，我每週至少要閱讀一本書」這樣一個明確又具體的目標，那麼讀書的目標就更容易實現。

我們還可以再進一步，將上述這個目標變得更加明確和具體。比如，一週讀一本書，那麼一年差不多就能讀五十本書，為了達成這個目標，我們可以提前列好一個清單，把我們要閱讀的書目寫下來，這樣就可以避免出現「因為某一週不知道該讀什麼書而放棄原本的讀書計畫」的情況。

總之，目標越是明確具體，美好的想法越是能有效實現。

三、將設定目標變成一種習慣

習慣一旦養成，就可以將複雜的事情變得簡單。所以，我們最好將設定目標變成習慣，做到每年都有年目標、每月都有月目標、每週都有週目標、每天都有日目標。

也許有些人會在內心深處抵觸設定這麼多目標的想法，他們覺得這樣的生活一點都不瀟灑、一點都不隨性、一點都不自在，覺得設定目標就是對自己的一種束縛。這種想法是非常片面的。我們之所以要持續不斷地去設定目標，並不是為了束縛自己，而是為了解放自己。

因為我們一旦設定了一個接一個的目標，我們的內心就會變得更加篤定，我們就不會浪費太多時間用來迷茫和彷徨，去四處尋找安慰。

正如泰勒・本─沙哈爾在《幸福的方法》一書中所說：「不為自己設定明確的目標，我們就會很容易被外界所影響，轉而追求那些很難達到自我和諧狀態的目標。我們總是面臨兩個選擇，被動地受外來因素的影響，或是主動地去創造屬於我們自己的生活。」[23]

總之，一時設定目標一時爽，如果養成設定目標的習慣，那麼等待你的，將是一直設定目標一直爽。

四、休閒娛樂的時候，也要設定目標

很多人都有一個錯誤的觀念，認為設定目標的目的只是把那些看起來緊急重要的事情做完，而放鬆休息的時候則可以隨心所欲，不需要設定目標。其實，休閒娛樂的時候，也需要設定目標。如果不設定目標，只是隨心所欲地玩，我們就無法玩得盡

23 泰勒・本─沙哈爾，《幸福的方法》，中信出版社，2013：75。

興，身心就無法得到徹底的調整和放鬆，最終導致我們休息後無法全心投入工作。

我認識一位培訓師，她每天都會玩一個半小時的電腦遊戲，這是她不可動搖的娛樂方式。看到這裡，也許你會覺得她是一個不務正業的人，事實上，她是一個很自律的人，她的課也一直很受學員歡迎。她對我說：「如果不主動為自己安排休閒娛樂的時間，一直坐在桌子前備課，我就很容易感到生活很無趣，沒有什麼奮鬥的動力了。所以，一定要記得為自己安排放鬆和娛樂的時間，這樣可以好好地激勵自己。」

她想要偷懶的時候，就會在心裡告訴自己：「再忍一忍，因為晚上就可以獎勵自己痛痛快快地玩一下遊戲了。」而且，她每次最多就玩一個半小時的遊戲，絕對不超時。正是因為「每天盡情玩一下電腦遊戲」這樣一個休閒娛樂的目標立在那裡，激勵著她每天都會先朝著工作上的目標全力衝刺，下班後再去好好放鬆自己。

有的人總是覺得娛樂休閒太浪費時間，所以從來不會安排任何時間用來休閒或娛樂。然而，這樣做的結果是弊大於利的。

因為我們的大腦在感覺疲憊的時候，會特別渴望得到放鬆和休息。如果此時我們不主動去休息，那麼大腦很快就會以它特有的方式發出抗議：我們會頻繁地分心、漫無目的地玩手機、不斷地降低工作效率，反而浪費了更多寶貴的時間。

在讀博士那段最苦的日子裡，我也沒有放棄為娛樂和休閒設定目標。那段時間，我的主要娛樂和休閒方式是在電腦上看電影。有時候，時間太緊，晚上沒有那麼多時間看完一部電影，我就把一部電影分成兩天去看。那個時候，我最喜歡看的就是勵志片。這樣一來，不僅娛樂了身心，還會受到電影裡主人公的激勵，從而督促自己朝著既定的目標不斷邁進。

為了更好地設定休閒和娛樂的目標，我們還可以不斷地去豐富自己的玩樂清單，這樣我們就可以把自己的休閒時間安排得更加豐富多彩。比如，我的娛樂清單包括看電影、讀小說、打籃球、看籃球比賽、散步等。有了這份娛樂清單，我就可以根據實際情況每次挑出其中幾種作為休閒娛樂目標。

設定目標不要貪多求全，可遵循刪繁就簡的「三三一法則」

野心太大，就如同奮力用手去抓沙——力氣越大，沙子流失得越快，最後卻兩手空空。如果能夠適當地克制自己的欲望，一次不為自己設定太多目標，反而更加容易品嘗到目標達成的喜悅。

有時候，慢慢來，反而會比較快。

在實踐中，我總結出了一個「三三一法則」，用來促進目標更好地達成。這項法則主要是指，一年不要為自己設定三個以上的主要目標，每天都記得為自己列出三件最重要的事，以及一次只專注地做好一件事。

這個法則，可以幫助我們學會斷捨離，將注意力始終聚焦在重要的事情上，同時在做事的過程中能夠保持專注力，不斷提升做事的效率。

一、一年不要超過三個主要目標

每年年初，我都會列出一年的目標和計畫。但是剛開始的時候，我總是野心勃勃、貪多求全，經常列出很多年度目標。但是等到一年快要結束的時候，卻發現自己有好幾個目標都無法達成。這樣一來，我就會有一種「感覺自己明明很努力，但是結果卻很讓人洩氣」的挫敗感。

事實上，我們往往容易高估自己在一年時間內所能完成的事情，卻很容易低估自己在十年時間中所能完成的事情。因此，我們在設定年度目標的時候千萬不要太心急，要學會取捨。因為什麼都想要的結果，往往就是什麼都得不到。

仔細想想看，一個人在一年內能完成三個重要的目標就已經非常了不起了。比如，我今年如果能高品質地完成一本書稿，同時打磨好一兩堂優質課程，又能在核心期刊上發表一篇文章，就已經非常不錯了。我如果一年只圍繞著這三個目標去努力，那麼這幾個目標達成的機率將會大大提升。

反思之前的經歷，之所以總會出現設定好的年度目標沒有完成的情況，往往都是因為我貪多求全。所以，我們在設定年目度標的時候，一定要學會取捨，一年最好不要超過三個主要目標，否則我們就很容易分不清主次、把握不住重點。

二、每天都列出三件最重要的事情

無論多麼偉大和令人振奮的長期目標，最終都需要落實到每一天的時間裡，然後逐一去完成。我們想要在每一天都充滿活力，擁有很強的執行力，從早上睜開眼睛的那一刻起，就需要清楚一個問題：「對於我來說，今天最重要的三件事情是什麼？」

如果確定了一天中最重要的三件事情，我們就不會把大量的時間和精力浪費在那些不重要的事情上。我們需要牢記下面這個道理：**如果每天都去做一些不重要的事**

情，我們就可能會成為一個不重要的人；如果每天都能去做一些十分重要的事情，我們就可能會成為一個十分重要的人。

我們在列出最重要的事情之後，接下來一定要記得每次都從最重要的事情做起，這也是管理學中經常強調的「要事第一」的理念。

因為最重要的事情，往往占用的心理空間最大，如果我們能夠最先完成最重要的事情，相當於把壓在心底最大的一塊石頭搬走了，我們整個人就會感覺輕鬆很多。如果最先去做那些相對來說不那麼重要的事情，我們的內心就很容易感到隱隱的不安，因為最重要的事情會一直壓在心底。

我的做法是，每天早上醒來之後就拿出手機，在手機的日程表上列出當天最重要的事情，然後從最重要的這件事情做起。我在做完最重要的這件事情後，再去做剩下的事情當中最重要的那件事情。這樣一來，即使有事情沒有做完也沒有關係，因為那些更為重要的事情，我已經完成了。

三、一次只專注地做好一件事情

在設定好目標之後，接下來就是執行目標任務的環節了。在執行目標任務的過程中，最容易影響工作品質和工作效率的就是頻繁分心，被其他事情打擾或者吸引，從而導致我們無法全神貫注地做好當下的事情。

在日常生活中，有些人經常打著「提高工作效率」的幌子，在同一時間進行多項工作。然而，這種做法不僅不會提高工作效率，反而會降低工作效率。從表面上看，他們好像在同時進行著多項工作，但是從本質上來說，他們只不過是在多項工作之間頻繁切換而已。

比如，一個人一邊寫作一邊回覆工作上的訊息。這個時候他並沒有同時寫作和回覆訊息，他只不過是在寫作和回覆訊息之間來回切換罷了。而每一次任務切換之後，他通常都需要花費更長的時間才能回到之前正在進行的工作中，這樣就會導致他完成每個任務的時間都不斷拉長。

在《慢思考：大腦超載時代的思考學》一書中，作者特奧・康普諾利指出：「與不斷切換任務的十個三分鐘相比，連續不受打擾的三十分鐘能讓你的效率提高十倍。」[24]除了會降低工作效率，多工處理和加工還會降低工作品質、損害專注度，導

---

24 特奧・康普諾利（Theo Compernolle），《慢思考：大腦超載時代的思考學》（*Brainchains: Discover Your Brain And Unleash Its Full Potential In A Hyperconnected Multitasking World*），九州出版社，2016：104。

致人們無法進行深入閱讀和交流，帶來更多的壓力，等等。[25]

為了消除多工加工帶來的這種負面影響，我們就需要養成一次只做一件事情的良好習慣。想要養成這種良好的習慣，離不開兩項重要的修練：**第一，學會延遲滿足自己；第二，學會集中處理瑣碎的事情。**

那什麼是延遲滿足自己呢？在寫作的時候，我所面臨的一個巨大挑戰就是來自手機的誘惑。有時候，我想到一個觀點，就想去手機上查一下相關資料。但是我在打開手機的時候，發現有一個訊息需要回覆，回覆完訊息之後，又會情不自禁地滑一下社群媒體。就這樣，本來花五分鐘就能查完的資料，結果花費了幾十分鐘的時間。

後來，我開始嘗試延遲滿足自己想要觸碰手機的衝動。我在寫作的時候，就在旁邊放一個小本子，用來記錄各種臨時產生的靈感或者需要進一步查詢的資料，完成當前的寫作任務後，再去觸碰手機。這樣，我就可以做到在寫作的時候專心致志地寫作，不被手機上的訊息頻繁干擾，從而極大地提高了寫作效率。

那要如何集中處理瑣碎的事情呢？這是我之前在從事行政工作的時候總結出來的

25 特奧·康普諾利，《慢思考：大腦超載時代的思考學》，九州出版社，2016:96。

一個經驗。有一次，我在做一個重要的工作匯報簡報時，接到一些臨時的工作安排，例如，需要在明天下班前完成一個統計表格，需要在當天發幾個通知給學生等。只要不是特別著急的事情，我都會先把它們放入待辦清單裡，然後馬上投入當前最重要的事情中，一直等到做完簡報，再花時間去集中處理那些瑣碎的事情。

這樣一來，在做重要事情的時候，我的注意力就不會被輕易分散，從而保證了做事的專注力，同時保證了做事的品質和效率。

思維06 嘗試對精力進行管理，有效避免「力不從心」

爲什麼要對精力進行管理

你是否有過類似的經歷或感受？在忙碌了一天後，晚上好不容易有了點屬於自己的時間，你準備為自己充充電，想要讀書或學習一下。結果，你在翻開一本書之後，看了不到十分鐘，就感覺閱讀是一件非常困難的事情，發現注意力很難集中起來。然後，你就忍不住想玩一下手機，結果一玩就玩了很長一段時間。

人們經常會想當然地認為，那些花了很長時間去玩手機、在學習和工作方面都有拖延症的人，是在時間管理方面出了問題，他們不懂得珍惜時間，不知道在工作中應該抓住哪些重點。但實際上，這些人有可能是在精力管理方面出了問題，他們只是沒有充沛的精力去戰勝眼前那個充滿挑戰的任務而已，所以最後只好選擇去做那些看上去更加輕鬆的事情，例如玩手機。

我們都渴望進入那種全心全意地去做一件事情的狀態，然而進入這種狀態有一個重要的前提：這個人要具有充沛的精力。否則，他就很容易出現心有餘而力不足的情況。所以，我們應該對自己的精力進行有效管理。

剛開始寫作的那幾年，我完全不懂精力管理的意義。那時的我，為了實現自己的目標，經常會長時間逼著自己坐在書桌前寫個不停。有時候，即使大腦已經感到十分疲憊了，我也不休息，生怕浪費了時間。有時候，即使身邊的人都在聊天，我也會強迫自己將注意力保持在寫作上。

但這樣逼自己的結果就是，我總是感覺精力消耗得特別快，經常感覺大腦很沉、很疲憊，吃飯的時候也沒什麼胃口，臉上寫滿了疲憊，精神狀態很差。

直到了解、學習並實踐了「精力管理」的相關理念，我才發現「精力管理」是高效工作和學習的一個重要基礎。我只要學會了對自己的精力進行科學的管理，就不必每天把自己搞得那麼疲憊，同時可以維持更長時間的高效表現。

雖然我們都聽說過「頭懸梁、錐刺股」的故事，但是這個故事更多是對奮鬥精神、意志力的一種讚揚，在實踐層面並沒有太多的指導意義。因為一個人在精力不濟、身心俱疲的時候，是很難每次都靠「硬撐」或者「借助外界刺激」去維持一個高效的狀態和表現的。因此，每個人都需要學習一套更加科學的理念去管理我們的精力。接下來，我就從四個方面入手，和大家分享一下關於精力管理的重要理念。

工作和休息要交替進行：保持生命的節奏感

在寫這段文字之前，我下樓繞著社區走了一圈。因為吃完早飯後，我已經連續寫了一個小時的文章，大腦已經感到有些疲憊。此時，下樓遛達一圈，可以幫助我恢復精力，從而讓我更從容地完成上午的寫作任務。

「工作和休息一定要交替進行」，是我學習精力管理知識時感覺收穫最大的一個道理。我們一定不能等到大腦已經感覺非常疲憊的時候再去休息，而是要在大腦剛剛感到有些疲憊、注意力稍微有些不集中的時候，就要開始醞釀和策劃一次休息。這種及時的休息，可以是起身活動一下筋骨，可以是走到窗邊喝一杯水等。別小看這種短暫的休息，它可以幫助我們盡快恢復精力。

正如《精力管理》一書所言：「想要保持生命的躍動，我們必須學習如何有節奏地消耗和更新精力。」「最豐富、最快樂和最高產的生命的共通之處，是全心應對眼前的挑戰，同時能夠間斷地放鬆，留給精力再生的空間。」[26]

在現實生活中，很多頂尖的運動員都懂得精力管理的理念。他們會在高度緊張的比賽過程中善用時間放鬆自己。比如，在乒乓球比賽中，每次打完一個回合，運動員都會用習慣性的小動作讓自己快速放鬆一下。有的運動員會原地輕跳幾下，進行幾次深呼吸，拿毛巾擦擦汗，或在發球前讓球在球桌上彈幾下等。這些小活動都能帶來放鬆身體或平靜情緒的作用，有助於運動員保持旺盛的精力和良好的競技狀態。

我們如果想要在一天中持續保持旺盛的精力，一定要學會利用碎片時間休息，從而及時恢復精力，這樣就能使自己在一天中始終保持精神飽滿的狀態。

我們可以借鑑時間管理中的「番茄工作法」，及時讓自己恢復精力。所謂番茄工作法，就是保持「工作二十五分鐘，休息五分鐘」的工作節奏。其中，工作二十五分鐘就算一個番茄時鐘，在這個番茄時鐘內，需要保持高度專注，不要分心去做其他事

26 洛爾（Jim Loehr）、施瓦茨（Tony Schwartz），《精力管理》（*The Power Of Full Engagement: Managing Energy, Not Time, Is The Key To High Performance And Personal Renewal*），中國青年出版社，2015：25-26。

情；二十五分鐘時間結束之後，則要給自己五分鐘的時間用來放鬆。比如，站起來走動一下，去裝一杯水喝，去一趟洗手間等。

需要特別注意的是，休息的這五分鐘時間，最好不要用來看手機，否則很容易玩一下手機就忘了時間，同時大腦在玩手機的時候往往處於高度啟動的狀態，很難得到真正的放鬆。

當然，不同人的精力儲備是不一樣的，我們可以根據自己的實際狀況設定適合自己的番茄鐘時間。比如，對於精力特別旺盛的人來說，可以保持「工作一個小時，休息十分鐘」的工作節奏。

「不要等到自己太累的時候再休息，要讓工作和休息交替進行。」記住並實踐這一句話，相信很多人精力不足的狀況可以得到不小的改善。

調節睡眠、飲食、運動：提升自己精力的極限

每個人的精力極限是不同的。有的人在一天中的有效工作時間可能不會超過三個

小時，而有的人則可能在工作六個小時之後依然保持著旺盛的精力。雖然每個人的精力極限不同，但是我們可以透過科學的訓練，在一定程度上提升自己的精力極限。

那麼，我們如何才能提升精力的極限呢？若想回答這個問題，我們就要先搞清楚精力的來源。

「從生理學的角度看，精力源自於氧氣和血糖的化學反應。從實際生活來看，精力儲備取決於我們的呼吸模式、進食的內容和時間、睡眠的長短和品質、白天間歇恢復的程度以及身體的健康程度。」[27]

接下來，我就從睡眠、飲食、運動三個方面來分享一下，如何有效擴充自己的精力儲備，以及如何有效提升自己的精力極限。

第一，保證充足的睡眠，以提升精力極限。前段時間，我有一個切身體會：晚上一旦沒睡好，第二天的精力就會受很大影響，做事情的效率就很容易降低。之前睡眠充足的時候，我精力也很足，學習一上午都不會感覺累。而睡眠不足的時候，精力也很容易受到影響，我學習十多分鐘，就很容易走神，忍不住想要玩手機。

27 洛爾、施瓦茨，《精力管理》，中國青年出版社，2015:67-68。

正如《精力管理》一書所言：「即便少量的睡眠缺失——我們稱為精力再生不足——也會深刻影響力量、心血管能力、情緒和整體精力水準。」「普遍的科學共識是：人體每晚需要七至八小時的睡眠才可以運轉良好。」[28]

為了確保充足的睡眠，我為自己定了一個規矩：晚上九點之後，除非有重要訊息要回覆，否則就不再看手機和電腦。這樣一來，我十點躺下睡覺的時候就很容易入睡，不會像以前那樣因為玩手機時間太長導致大腦變得太興奮，進而影響睡眠。睡眠得到保證之後，我的精力儲備狀態比以前好了很多。

第二，透過調整飲食提升精力極限。首先需要說明的一點是，無論是吃得太少還是吃得太飽，都會損害精力。[29]當我們感到飢餓的時候，我們的注意力很容易放在食物而非其他事情上。每次上課到臨近中午的時候，我發現學生普遍會出現心不在焉的情況，因為他們都在想中午要去吃點什麼。另外，我們在吃得太飽的時候很容易犯睏，注意力也很容易渙散，從而消耗精力。

除了避免吃得太飽和吃得太少，選擇不同的食物對我們的精力也會產生不同的影

28 洛爾、施瓦茨，《精力管理》，中國青年出版社，2015：74。
29 洛爾、施瓦茨，《精力管理》，中國青年出版社，2015：68。

響。一般來說，升糖指數低的食物更加容易為我們提供穩定而持久的精力。比如，早餐可以選擇「全麥食物、蛋白質、低糖水果如草莓、梨子和蘋果等」，「兩餐之間的零食熱量應該控制在一百至一百五十大卡，並選擇低升糖指數的食物，例如堅果、葵花籽、水果或半條兩百大卡的能量棒」。[30]

第三，透過合理運動提升精力極限。單單從提升精力的角度來看，間歇性的訓練比持續性的訓練效果更好。對於上班族和學生來說，這是一個好消息。因為我們不需要每次都單獨拿出很長的時間用來鍛鍊身體，只要善用時間做一些間歇性的訓練就可以有效提升精力，比如，快走、爬樓梯、騎自行車等。這些方式簡單易行，在工作空檔就可以進行，只要能夠保證節奏性地提高和降低心率即可。[31]

之前因為工作需要，我一天中大部分的時間都坐在辦公室裡處理各種事情。雖然辦公室也安排了助理，可以讓助理幫忙跑腿送資料等，但是我一般很少讓助理幫忙。對我來說，跑腿的機會就是提升精力儲備的一種方式，我不想白白浪費。

30 洛爾、施瓦茨，《精力管理》，中國青年出版社，2015：69。
31 洛爾、施瓦茨，《精力管理》，中國青年出版社，2015：82-83。

增加積極情緒．負面情緒會快速消耗精力

雖然我們可以透過改善睡眠、飲食、運動等方式從身體層面來提升精力極限，但是假如我們控制不好自己的情緒，我們的精力也會被快速地消耗掉。也就是說，我們也需要重視在精神層面為自己的精力充電。

具體的思路很簡單，就是努力增加自己的積極情緒，設法減少自己的消極情緒。

增加積極情緒的方法有很多，減少消極情緒的方法也有很多。那如何透過經營好人際關係來增加積極情緒、減少消極情緒呢？根據阿德勒（Alfred Adler）心理學的一個基本理念，「人的煩惱皆源於人際關係」。[32]當然，我們也可以反過來理解這句話，「人際關係也是一切快樂的來源」。

我覺得肯花時間去維持和經營人際關係很重要，而想要讓人際關係之花盛開和綻放，離不開平時的辛勤澆灌。

在處理職場人際關係方面，從對同事的社群媒體貼文按讚到幫助同事解決一個難

32 岸見一郎、古賀史健，《被討厭的勇氣》，機械工業出版社，2015：36。繁體版為《被討厭的勇氣》，究竟。

題，從給同事一些言語上的鼓勵到去外地出差時帶一點紀念品給同事，從請同事喝一杯咖啡再到請同事吃一頓大餐等，這些循序漸進的小小舉動，日積月累，都會幫助你在職場上擁有更好的人際關係。

要知道，職場並不僅僅是一個講效率的地方，也是一個講人情的地方。只有平時勤於付出的人，在關鍵時刻才可能得到別人的幫助。更重要的是，由於我們大多數人每天都要花大量的時間在工作上，假如我們和身邊一起工作的人處理好關係，那麼在上班的過程中就會減少很多不必要的人際摩擦和衝突，從而擁有更多的積極情緒以及更少的消極情緒。

同樣的做法，也可以運用到經營家庭關係方面。簡而言之，無論多忙多累，我們都不要忘記花時間陪伴家人。人到中年，我對「家和萬事興」這句話有了更深刻的認知，如果經營不好家庭關係，就很容易消耗自己的精力。想想看，如果夫妻兩個人經常為了一些雞毛蒜皮的事吵架，那麼你還有什麼心思去拚一番事業？再想想看，假如孩子和你的關係很疏離，你把事業做得再成功，心裡都難免會有一種挫敗感，進而損害工作的熱情。

我比較擅長口頭表達，結合我的優勢，在家裡我會努力抓住一切可能的機會鼓勵和讚美妻子。兩個人待在一起時間久了，我們很容易把對方的優點看成理所當然，如果經常提醒自己去讚美對方，就可以讓這份感情持續保鮮。在對待孩子方面，我會盡可能抽出更多的時間給予他高品質的陪伴，比如，陪他下棋、講故事給他聽、和他聊天、教他學英語等，這些互動不斷地加深了我和孩子之間的情感連結。

慢慢地，我發現，在家庭中的每一份付出，都會得到加倍的回報。無論我在外面遇到多麼大的挑戰和困難，妻子都會第一時間送上安慰。我回到家裡，歡聲笑語總是不斷。每次推開門，聽到孩子喊一聲「爸爸，你回來啦」，我經常會感到所有的消極情緒都在這一瞬間被療癒了。

養成精力管理的一些好習慣

如果每做一件事情，我們都需要思前想後，那麼整個過程是非常消耗精力的。比如，有一段時間，我感覺自己在知識儲備上有很大的欠缺，所以想要多讀書。但是開始的時候，由於我沒養成讀書的習慣，每天糾結在何時讀書，而這個做選擇的過程非常耗費精力。

後來，我養成了每天早上在地鐵裡讀書的習慣，這樣一來，我就再也不需要花費時間去思考「今天應該在何時讀書」的問題了。

對於讀書、學習、陪伴家人等生活中的重要事情而言，一旦把做這些事情變成習慣，我們就會節省出大量的精力積極地工作，而非不停地思考今天到底應該何時去做這些事情。

可見，養成一些精力管理的好習慣，非常有助於節省精力。下面，我就和大家分享三個節省精力的好方法。

一、學習和休息交替進行

我花了幾十塊錢買了一個實體的番茄時鐘。每次在家裡學習或寫作的時候，我就會拿出番茄時鐘——只要轉一轉，設定好學習的時間就可以了。我通常會設定一個二十五分鐘的番茄時間，只要番茄時鐘一響，我就站起來活動五分鐘。這樣一來，學習和休息交替進行，我就可以及時地補充精力。

和手機上的「番茄時鐘」應用程式相比，我覺得實體的番茄時鐘更好用。因為手機本身就是一個很大的誘惑物，我若用手機上的應用程式來計時，就很容易被手機上的其他應用程式誘惑，例如滑滑社群媒體、看看新聞，導致浪費更多的時間。

長時間使用番茄時鐘，還有一個潛在好處，就是能漸漸養成學習和休息交替進行的節奏感。在工作的時候，有時即使番茄時鐘不在身邊，我也不會長時間坐在辦公桌旁，而是會定時起身放鬆一下。

二、運動定目標、睡眠定規則

在運動方面，我透過運動手錶為自己設定了一個每天行走一萬步的目標。如果遇到陰天下雨或臨時有事的情況，我為自己設定的目標是六千步。其實，一天走一萬步或者六千步並不是特別難的目標，難的是每天堅持進行。通常來說，每天午餐和晚餐後，我都會堅持散步一段時間，一直走到完成行走目標為止。

在睡眠方面，我目前所養成的習慣是，晚上九點之後不再頻繁查看手機，除非有特別重要的訊息需要回覆。因為之前的經歷告訴我，自己晚上容易興奮、睡不著覺的一個重要原因就是長時間查看手機。那九點之後做什麼呢？答案就是看一本自己真正喜歡的紙本書。有的人睡前看書會興奮，而我睡前看書則特別容易促進睡眠。僅憑這個習慣，我的睡眠品質就得到了大幅的改善。

三、增加積極情緒

我在睡前會就一些輕鬆的話題和家人聊天。比如，我們一家三口都喜歡在床上各自讀一本自己喜歡的書。讀完書之後，我們會互相分享自己從書中所獲得的一些有意思的知識。有一段時間，兒子在睡前喜歡讀腦筋急轉彎一類的書。讀完後，他會出幾道題目讓我們倆回答，一家人其樂融融。

關燈之後，兒子通常很快就會睡著。這個時候，我們夫妻倆會把一天中所遇到的家庭內部問題和外部的煩惱充分地交流一下。我們兩個人都有心理諮商師的背景，所以在交流的時候基本上能做到彼此理解、充分同理。很多令人煩惱的事情，我們如果能夠充分地表達出來，就不會一直壓在心底消耗心理能量。同時，每次充分表達出自己的想法之後，我就很容易更加踏實地睡著。

以上就是我為了在生活中做好精力管理總結出的方法，希望能夠為大家帶來一些參考。當然，你也可以根據自己的實際情況，形成自己的一套精力管理方法，從而讓自己精力充沛地迎接每一天的全新挑戰。

思維07　活在當下的時光裡面，不憂過去也不懼未來

「你有多久沒聞到桂花香了？」

曾有一段時間，我對未來感覺特別迷茫。當時的我，在生活中遇到了一些挫折，同時又感覺工作壓力很大，不知道未來的路在何方。

有一天下班之後，我一個人在大學校園裡閒逛，遇到了一位活力四射的同事。雖然他比我工作僅僅早一年，但是他的心態很好，做人的格局很大，很多人都願意找他傾訴。

那天，我和他聊了一會兒。當時聊的具體內容，我已經記不太清楚了。我只記得，我所說的很多問題，在他那裡好像都可以被理解為小事一樁。而且他的臉上始終掛著微笑，對生活充滿了希望。他當時還問了我一個問題：「你有多久沒聞到校園裡

的桂花香了？」

校園裡種了很多桂花樹，每到金秋時節，桂花就會悄然盛開，校園裡彌漫著醉人的桂花香。可是，當時憂心忡忡的我，每次都是行色匆匆地從校園中走過，很少活在當下，當然也就沒有注意去細心品味這股醉人的桂花香。

在和那位同事交談完之後，「你有多久沒聞到桂花香了」這個問題就經常浮現在我的腦海中。我竟然開始悄悄留意校園裡的桂花香了。

奇妙的是，當我開始全神貫注地活在當下時，我發現，那股桂花香真的很醉人。有時候，在住校的日子裡，晚餐之後，我會特地在校園裡遛達一圈，就是為了聞一聞那股醉人的桂花香。每次放下心事，帶著「去聞聞桂花香」的心態在校園裡遛達一圈，我就感覺很解壓，心態變得越來越平和。

當我們能夠靜心享受此刻美好的時候，這份美好就會發酵，生出更多的美好。但是當我們忽略當下美好的時候，這份美好便會貶值，最終一文不值。

真正悟透人生的人，往往會在紛繁複雜的世界裡保持一份「活在當下」的閒適心情，他們懂得去品味美好的東西，無論是專心地享受一頓美食，認真地品一杯茶，還是靜靜地欣賞沿途的風景，任憑世界風起雲湧，這些人都能守住內心的平靜。

不過，環顧四周，能達到上述境界的人實在是少之又少。當你走進一間餐廳的時候，你會發現，很多人都是一邊吃飯一邊玩手機。「視而不見，聽而不聞，食而不知其味」，每天都在四處呈現。那麼，到底是哪些原因導致我們無法活在當下呢？

下面，我就以課堂上始終無法專心聽課的學生為例，將無法活在當下的原因概括一下。

第一類學生：可以被稱為「手機的奴隸」

他們一直拿著手機，「哪裡開心點哪裡」，或者漫無目的地滑短影音，或者一股腦地玩遊戲。他們只渴望盡可能尋找樂趣，絲毫不在乎這件事情是否有意義。他們中的很多人，心裡也知道沉迷於手機會錯過學習課堂上老師講授的一些有價值的知識和道理，但他們就是控制不住自己，總是被手機上那些新鮮好玩的東西牽著鼻子走。

第二類學生：可以被稱為「過去的奴隸」

他們中的很多人，在開始上課之前就毫無生氣地趴在桌子上，好像喪失了對生活的信心。不管老師在課堂上講什麼內容，都很難激起他們的興趣。這一類學生的內心往往都有這樣一句潛臺詞：「不管我做什麼，都無法改變現實。」他們之所以會有這樣的潛臺詞，往往和過去的經歷有很大關係。概括地說，他們也曾在生活中嘗試做過一些努力，但是這些努力都失敗了，導致他們產生一種悲觀的論調：努力沒用，不如聽天由命。

第三類學生：可以被稱為「未來的奴隸」

這一類學生其實在課堂上還顯得挺「積極的」，他們既不會一股腦地玩手機，也不會一直趴在桌子上什麼都不做，他們會努力嘗試一邊聽課，一邊忙著去做一些他們認為更加重要的事情。比如，他們會在聽英語課的時候，同時做其他堂課的作業。他們很容易對未來感到焦慮，總感覺自己假如不為未來做出更多努力，就會喪失很多安全感。這一類學生，總是忙忙碌碌地為未來做準備，很難有機會品味當下。

其實，以上三類學生都有一個共同的特點：無法活在當下。那麼到底怎麼做才算活在當下呢？我們可以把「活在當下」定義為，一個人可以和當下的生活建立起深度又緊密的連結，能夠全心全意投入正在做的事情中，同時不憂過去、不懼未來。

接下來，我們就來看一下，如何才能避免淪為手機的奴隸、過去的奴隸和未來的奴隸，讓自己有更多機會活在當下。

不要淪爲手機的奴隸：豐富自己的娛樂方式

當我向朋友介紹「活在當下」這個理念的時候，朋友好奇地問我：「那你說說，我全神貫注地用手機滑短影音的時候，算不算活在當下？」

我說：「不算。」實際上，一個人每天花費大量時間瀏覽短影音，就好比在吸食「電子海洛因」。

當我們在滑短影音的時候，表面上看，我們很容易做到「目不轉睛」，但是我們無法做到「深度認知」。因為我們的目光被頻繁地從一個興趣點吸引到另一個興趣點，我們的注意力被頻繁又快速地分散和轉移，我們的大腦開始變得越來越喧囂，而非越來越平靜。

當我們滑著一個又一個短影音的時候，其實是十分膚淺地活在這個世界上，我們無法和正在瀏覽的內容建立更加深度又緊密的連結。

當我們深陷短影音中不能自拔的時候，我們的大腦實際上已經淪為了多巴胺的奴隸。所謂多巴胺，是指當我們的大腦在發現有「獎勵機會」的時候會釋放的一種神經傳導物質。這種神經傳導物質會劫持我們的注意力，促使我們不停地去尋找下一個獎勵。[33]除非我們能主動覺知這個上癮機制，否則就很容易深陷其中，不能自拔。

更加可怕的是，我們的大腦具有可塑性，當我們不停地在手機上滑著短影音或帶有強迫性地瀏覽著各種網路新聞的時候，我們大腦中「用於掃描、略讀和多工處理的神經通路正在擴展和加強，而用於全神貫注地仔細閱讀和深入思考的那些神經通路正在弱化或消失」。[34]

這就意味著，一個人在習慣了長時間玩手機之後，他的大腦結構（神經突觸的工作方式）就會發生一些實質性的改變，他會因此逐漸喪失深度閱讀以及全然地活在當

33 麥格尼格爾（Kelly McGonigal），《自控力》（*The Willpower Instinct:How Self-control Works,Why it Matters, and What You Can Do to Get More*），印刷工業出版社，2012:120-123。繁體版為《輕鬆駕馭意志力》，先覺。

34 卡爾（Nicholas Carr），《淺薄：你是互聯網的奴隸還是主宰者》（*The Shallows: What the Internet Is Doing to Our Brains*），中信出版社，2015:176。繁體版為《網路讓我們變笨？數位科技正在改變我們的大腦、思考與閱讀行為》，貓頭鷹。

下的能力。比如，很多人一旦養成沒事就玩一下手機的習慣，整個人變得心浮氣躁，就很難再靜下心來閱讀一本書。

有時候，我看到有人一邊走路一邊拿著手機滑短影音；有的人一邊上課一邊習慣性地拿出手機滑個不停；有的人甚至會在等紅燈的那點短暫的時間內，也要掏出手機來玩一下……這些人都已經在無意間成了手機的奴隸，他們被手機上的各種誘惑牽著鼻子走，卻無法從中抽離。

總之，長時間玩手機不僅不算活在當下，而且已經成為我們活在當下的一個重要阻礙。因為真正的活在當下，會有一種深深的存在感、放鬆感和滿足感，而不是長時間玩手機之後所體會到的那種空虛感、內疚感、罪惡感。

當你的愛人充滿深情地跟你說話的時候，當你的孩子正充滿期待地向你提出請求的時候，當你的父母正在興奮地和你分享著家長里短的時候，你是否會在表面上一邊附和著，一邊卻在一刻不停地滑著手機？如果你總是這樣做的話，那麼你就在不斷地從現實生活中抽離，錯過了人生太多美好的時光。

那麼，我們究竟怎樣做才能戒掉玩手機的癮呢？在一次聚會上，當我帶著這個問題去詢問一位朋友的時候，她給出的答案相當簡單粗暴：「其實就是狠狠心，移除手機上那個總是誘惑你的程式就好了」。

她接著告訴我，以前她每天總會花大量的時間滑短影音，但是後來發現這樣太浪費時間了，於是乾脆把手機上的那款短影音程式移除了。從此，她很少再花很長時間去滑短影音。

我的另外一位朋友，就運用類似的方法戒掉了手機遊戲。以前，在工作之餘，他總喜歡玩幾局遊戲，但是，慢慢地，他發現自己很難控制住自己，每天都要花大量的時間玩手機遊戲。後來，他移除了這款手機遊戲。雖然後面他還經歷了重新安裝、移除、再次安裝、移除等一系列反覆掙扎的過程，但他最終戰勝了手機的誘惑，改為透過約朋友一起打籃球放鬆自己。

那麼，這種「移除手機應用程式」的做法，真的管用嗎？

在《習慣的力量》一書中，作者把任何一個習慣的養成都概括為三個部分，分別是暗示、慣常行為和獎賞。[35] 我們在看到手機上的短影音程式的圖示時，這個圖示就是一個暗示，會觸發我們的慣常行為：瀏覽短影音；在瀏覽完短影音之後，我們會得

---

35 都希格（Charles Duhigg），《習慣的力量》（*The Power of Habit: Why We Do What We Do in Life and Business*），中信出版社，2013：48。繁體版為《為什麼我們這樣生活，那樣工作？》，大塊文化。

到一些獎賞——滑到一些有趣的短影音；我們的大腦就會期待下一次的獎勵，一旦看到短影音的圖示，就很容易觸發滑短影音的行為。總之，這三個組成部分構成了一個循環，滑短影音的習慣就這樣變得越來越牢固。

我們把手機上的短影音程式移除了之後，實際上就從手機上移走了一個暗示物，自然就會減少滑短影音的時間。

但有的人在移除了短影音程式之後，又形成了一些新的習慣，開始在手機的其他應用程式上花費更多的時間。比如，有的人開始長時間地滑社群媒體，有的人開始長時間地瀏覽各種頭條新聞等。這時候我們又該怎麼辦呢？

根據習慣形成的三個環節，這個時候，暗示就變成了「感覺有些無聊」，慣常行為就變成了「玩手機」，獎賞就變成了「透過瀏覽各種新聞獲得消遣」。

想要打破上述習慣，我們就需要在「感覺有些無聊」的時候改變慣常行為，同時依然能得到和原來差不多的獎賞。

對於大部分人來說，忍不住玩手機的最終目的其實都是獲得「簡單放鬆一下自己」的獎勵。也就是說，我們如果能夠豐富自己的娛樂方式，就更加容易戒掉玩手機的癮。

比如，在家寫作的這段日子裡，每當感到大腦疲憊的時候，我也很容易掏出手機玩個不停，借此方式放鬆自己。但是我發現，自己控制不住時間，在玩手機方面浪費了太多的注意力。後來，我嘗試了用其他方式來放鬆自己。比如，我在感到有些累的時候，就起身到社區裡遛達一小圈，或者和兒子下一局象棋，或者泡一杯茶喝。這樣，玩手機的時間就變得越來越少了。

總之，想要戒掉玩手機的癮，我們一定要想清楚一個問題：假如我不玩手機，我應該做點什麼來放鬆自己？

我們如果沒有找到可行的替代娛樂方式，就很難真正戒掉玩手機的癮。我們只有不斷豐富自己的娛樂方式，才能逐漸放下手機，回歸真實世界，享受當下生活的美好。

寫到這裡，我忽然想到一個問題：我在小時候沒有手機，是怎麼娛樂的呢？此刻，我的腦海裡浮現出來的，都是一些特別快樂的時光。比如，我會跑到鄰居家找好朋友玩，和社區裡的孩子一起踢足球，三四個人聚在一起玩一下午的大富翁遊戲，晚上和家人一起看足球比賽，和同學一起騎自行車去郊遊，等等。這些娛樂方式，包含了很多社交的元素，又蘊藏了很多心流體驗，從而讓那時的我有機會真切地活在這個世界中。

不要淪爲過去的奴隸：鼓起改變現實的勇氣

很多人無法活在當下，是因為一直沉溺於過去。也許他們曾經在過去受過某種傷害，所以啟動了防衛機制，把自己包裹在一層層厚厚的殼裡面，從而失去了對現實生活的真切感知。

比如，一對小情侶趁假期出去旅遊，他們原本心情挺好的，但是某一天因為中午要去哪家餐廳吃飯吵了起來，結果兩個人的心情都受到了影響。下午在遊玩的時候，兩個人都悶悶不樂，所有的美好風景都無法在兩個人的心中激起一絲漣漪。

之所以會出現這樣的狀況，是因為兩個人都活在過去發生的事情裡。女孩在心裡想：「為了這點小事都會和我爭吵，他是不是不愛我了？我感覺沒有一點安全感。不過只要他主動向我道歉，我就會原諒他。畢竟，後面幾天，我還想開心地玩。」而男孩在心裡想：「今天她竟然當著其他人的面公開反駁我，一點都不給我面子，我的自尊心受到了很大的傷害，她應該向我道歉。但是我不會主動向她道歉，因為上次我犯錯之後向她道歉，她沒有馬上接受，搞得我很沒有面子。」

這個男孩很愛這個女孩，而這個女孩也很愛這個男孩，只不過他們倆都卡在自己受傷的感受中無法動彈。其實這個時候兩個人都有能力改變現實，但是他們都沒有做出改變。

就這樣，他們倆誰都沒有主動認錯。雖然兩個人的情緒後來有所緩和，但是心裡依然不痛快。兩個人不約而同地在心裡默默地想，如果沒發生那次爭吵該多好。然而，事情已經發生，整個旅程兩個人都沉浸在悶悶不樂的情緒中，錯過了沿途很多美麗的風景。

一個人在為過去發生的事情耿耿於懷的時候，很容易陷入心理學中經常提到的一個現象：「思維反芻」，即一個人反反覆覆思考同樣一件事情，然後在消極情緒中越陷越深。顯而易見的是，我們一旦陷入思維反芻，就很難活在當下。

比如，有的人因為自己剛才在主管辦公室說錯了一句話感到耿耿於懷，有的人因為工作上犯的一個小錯誤不停地譴責自己，等等。這些做法，就如同在為已經打翻的牛奶哭泣。

面對已經發生的糟糕事情，最好的態度就是接納已經發生的事情，然後積極地做出一些改變，而不是一直糾結在過去，不停地和自己內耗，最終導致自己繼續錯過美好的時光。

心理學中有一個經典的「習得性無助」的實驗，可以生動地說明「一直活在過去的傷害中」是一件多麼恐怖的事情。

習得性無助這個概念是由馬丁・塞利格曼在一九六七年提出的。他當時用小狗做了一項經典的實驗。起初，研究人員把小狗放在籠子裡，只要蜂鳴器一響，就對小狗施加一些令其難受的電擊。小狗在受到電擊之後，當然想要逃避電擊，就會在籠子裡左跳右跳，不停地哀號。但是無論小狗怎麼掙脫，都無法避開電擊。

如此實驗多次之後，小狗彷彿陷入了一種絕望的情緒，漸漸地很少做出反抗。後來，即使研究人員在對小狗施加電擊之前就把籠子打開，小狗也不會逃跑，而是倒在地上哀號，等待著電擊的來臨。根據這個實驗，我們可以推斷出習得性無助這個概念的涵義：因為重複的失敗或者懲罰而習得的聽任擺布的行為或心理狀態。[36]

習得性無助能夠帶給我們一個重要啟發：我們無論在過去受到過怎樣的傷害，都不要輕易淪為過去的奴隸。

因為我們所處的環境會慢慢改善，我們的個人能力會不斷提升，一些過去我們無

36 360百科・習得性無助 [EB/OL].[2021-08-05].https://baike.so.com/doc/5411502-5649610.html

法解決的問題，並不代表我們現在也無法解決。只要我們能夠鼓起改變現實的勇氣，透過採取一些積極的行動去嘗試改變現實，很多事情就有機會迎來新的轉機。

我們一旦鼓起勇氣去嘗試、去改變，就不會一直被囚禁在過去的痛苦中，就會擁有更多的機會活在當下的時光裡。

不要淪爲未來的奴隸：未來沒你想像的那麼糟糕

很多人無法活在當下，是因為總是對未來感到憂慮。我記得自己從小時候開始，就被身邊的人灌輸了一種過度的憂患意識：「生活太順利的時候千萬不要太得意，否則不好的事情就會馬上來臨」。在這種憂患意識的作用下，我很少敢縱情享受當下，因為擔心發生不好的事情。

此外，我也是一個生性悲觀的人，凡事很容易往最壞的方面去想，所以會頻繁地為未來感到憂慮。有時候，我會為自己偏悲觀的性格感到心累，因為我很容易帶給別人一種憂心忡忡的感覺，而我自己也感覺活得不灑脫。

我一直感覺特別慶幸，自己很早就踏上了學習心理學的道路。在學習心理學的過程中，雖然我花了很長時間去和別人分享心理學知識、去幫助別人成長，但是最大的受益者是我自己。

因為透過學習心理學，我對自己的個性特徵有了深度的覺察，也許這種覺察沒有辦法讓我變成一個樂觀的人，但是經過長期的探索，當自己為未來感到憂慮的時候，我知道應該透過哪些具體可行的方式走出心理困境，進而留出更多的心理空間從容地品味當下的美好。

接下來，我和大家分享兩個策略，幫助大家更好地應付對未來的擔憂。

策略一：相信「你所擔心的百分之九十九的事情，都是不可能發生的」

這是我在戴爾．卡內基的一本叫作《如何停止憂慮，開創人生》[37]的書中讀到的一句話。每當我感到憂慮的時候，這句話總能帶給我很大的安慰。

對於一個生性敏感、悲觀的人來說，這句話絕非心靈雞湯。我曾嘗試在一週的時

37 戴爾．卡內基（Dale Carnegie），《如何停止憂慮，開創人生》（*How To Stop Worrying And Start Living*），繁體版為《卡內基快樂學：如何停止憂慮重新生活》，好人出版。

間內連續去記錄那些還未發生卻讓我感到憂慮的事情，然後在下一週去檢驗這些消極的想法和念頭是否真的發生了。而最終的結果就是，那些曾經感到憂慮的事情，幾乎都未真實發生。因此當我再次為還未發生的事情感到憂慮的時候，我就會安慰自己：「消極的想法不等於客觀現實，車到山前必有路，放鬆一點，事情往往沒有想像的那麼糟糕。」

策略二：感到憂慮的時候，做點什麼比想點什麼更加管用

客觀現實不會因為我們反反覆覆的憂慮而發生任何變化。只有當我們鼓起勇氣去行動的時候，客觀現實才有機會得到改變。

比如，我們在為週一即將到來的某個公開演講感到憂慮的時候，花點時間把演講反覆演練幾遍，會比自己一直憂慮好很多。此外，在面對那些複雜的事情或者無法馬上動手去做的事情時，我們可以嘗試先列一個相對清晰的待辦清單，把大任務分解成小任務，就能有效地化解憂慮。

因為對未來的憂慮往往產生於一片混亂之中，如果我們能夠進一步確定接下來的待辦事項，或者動手去做一點事情，就有助於我們把事情理得更加清楚，從而進一步

解決問題。總之，一旦行動起來，我們的憂慮就很容易慢慢消失。

那麼，如何判斷一個人已經擁有活在當下的能力了呢？一位智者曾經提供了兩個判斷標準，我覺得很有道理。這兩個判斷標準是：「該吃飯的時候吃飯，該睡覺的時候睡覺。」這兩點說起來容易，做起來難，因此我建議大家先努力完成前面提到的三項修練：放下手機，不憂過去，不懼未來。

思維08　創造更多的心流體驗，把無趣的生活變有趣

心流體驗：美好人生的提示器

一位患有精神分裂症的女患者，住院的時間已經超過十年。提起精神分裂症，即使你沒有學過心理學，恐怕也知道這屬於心理疾病中比較嚴重的一種。

這位女患者的思緒已經不太清晰，很少有情緒方面的變化，病情比較嚴重。然而醫生透過追蹤記錄發現，在一段時間內（兩個星期中），這位女患者出現了兩次情緒高亢的時刻，而這兩次情緒高亢的時刻都出現在這位女患者替自己修剪指甲的時候。

醫生認為這是一個了不起的發現，便請來專業人員對這位女患者進行培訓，教她修剪指甲的相關技巧。這位女患者十分樂意接受這樣的培訓，沒過多久，她便開始主動幫身邊的病友修剪指甲。

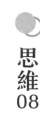

接下來，一件神奇的事情發生了。這位女患者的病情較以前有了很大程度的好轉。院方也同意這位女患者在有人監護的情況下出院。這位女患者回到家之後，在自己家門口掛起了招牌，專門幫人修剪指甲。不到一年的時間，這位女患者就實現了自力更生，精神狀態也有了很大的改變。[38]

這個故事，摘自有「心流體驗之父」之稱的契可森米哈賴所寫的《專注的快樂》一書。故事中的女患者會有如此驚人的轉變，和醫生發現了她在修剪指甲時會有「情緒高亢的時刻」，同時努力推動她產生更多類似的「情緒高亢的時刻」有很大關係。

在心理學中，我們把上述這種「情緒高亢的時刻」稱為「心流體驗」。說得再具體一點，心流體驗就是指當我們專注地、投入地做某一件事情的時候，所體驗到的身心合一、時光飛逝、深深地沉浸其中的美好情緒體驗。

運動家經常把心流體驗描述為「處於巔峰」，而藝術家和音樂家經常把這種體驗描述為「靈思泉湧」。[39]而找到自己專屬的心流體驗，並在此基礎上創造更多的心流體

38 契可森米哈賴（Mihaly Csikszentmihalyi），《專注的快樂：我們如何投入地活》（*Finding Flow: The Psychology of Engagement With Everyday Life*），中信出版社，2011:48-49。

39 契可森米哈賴，《專注的快樂：我們如何投入地活》，中信出版社，2011:34。

驗，是一個人擁有更加美好的生活的基礎或者說必經之路。

我感覺自己很幸運，早在多年前就找到了自己的心流體驗。剛剛開始工作時，我從事的是學生管理方面的工作，每天有大量的行政事務需要去處理和應對，很少有心流體驗產生。有一次，學校的外教知道我英語口語還不錯，學習的又是心理學，所以邀請我去為他的學生們做一次英文演講，主要內容是如何讓自己的大學生活變得更加充實和幸福。

由於那次演講的主題是我個人比較熟悉的話題，我也花了不少時間去準備，所以當天演講的效果很不錯，現場的氣氛特別好，學生們的掌聲和笑聲不斷。演講結束後，外教建議全體起立為我鼓掌。而我自己也非常享受整個演講的過程，在演講結束的時候我還有些意猶未盡的感覺。

坦白說，我之前很少受到這麼高的「禮遇」，因此當時的我感覺特別興奮，那種美好的感覺從此一直存在腦海裡。而且，學校的外教跟我說了一段話，讓我很受觸動。那段話的大概意思是，「你實在是太適合做演講了，應該多去演講，比如去不同的學校演講，讓更多的人從你的演講中受益」。

現在回過頭來看，那次演講是我個人職業生涯發展過程中一個十分重要的里程碑。在那次演講中，我產生了很多心流體驗，並且開始思考這樣一個問題：「怎樣才能在工作和生活中創造更多的機會和條件，從而產生更多類似的心流體驗呢？」

於是，我開始在學校開設積極心理學的選修課，專門為學生講授如何變得更加幸福的知識。後來，我不再滿足於僅在晚上為學生開設選修課，跳槽到現在的學校全職做授課老師，這樣就有了更多的時間為學生上課，從而產生了更多的心流體驗。

現在的我，雖然也需要面臨很多生活或工作中的難題，但是相較於從前，我對工作的整體滿意度有了很大的提升。可以說，目前我的職業幸福感指數幾乎處在近十年來的最高點。這一切，都要歸功於我找到了自己的心流體驗，並且透過不斷地努力創造一定的條件讓自己產生了更多的心流體驗。

如何找到自己的心流體驗

也許有人忍不住想問，我該如何去做才能找到自己的心流體驗呢？下面，我就和大家分享尋找心流體驗的兩個錦囊。

第一個錦囊：透過記錄幸福瞬間來尋找心流體驗

最初，從事心流體驗的研究人員採取的是「心理體驗抽樣法」，以此記錄受試者的情緒變化，從而發現受試者的心流體驗。所謂「心理體驗抽樣法」，是指研究者採用呼叫器等隨身設備，提醒受試者及時記錄「一週內每日由早至晚的活動，查出他從事某活動或與某人相處時的情緒變化」。[40]

其實，我們可以根據上述理念，採用一個更加簡便的方法：以「記錄幸福瞬間」的方式來找到自己的心流體驗。這是我在學校上幸福課的時候經常給學生的學習任務：讓學生在一個學期內記錄不少於二十一個幸福瞬間。他們每當做完一件事情並且感覺比較幸福的時候，就及時記錄下來。而每一個幸福瞬間，都有可能蘊含著一個心流體驗。

之所以要記錄二十一個幸福瞬間，是借鑑了行為心理學中「二十一天形成一個新習慣」的理念。如果每天記錄一個幸福瞬間，學生至少需要二十一天才能完成這項任務，這樣也能順便幫助學生養成發現幸福的習慣。而學生在回顧這些幸福瞬間的過程

40 契可森米哈賴，《專注的快樂：我們如何投入地活》，中信出版社，2011：18。

中，就比較容易提煉出自己的心流體驗。

比如，透過記錄幸福瞬間，有的學生發現自己經常會在做手工的過程中產生心流體驗，所以在他感到無聊的時候，會優先考慮去做手工；有的學生發現自己在輔導小學生學英語的時候容易產生心流體驗，所以她決定畢業後做一名英語老師；還有的學生發現自己在製作咖啡的過程中很容易產生心流體驗，於是她在假期通過應徵成為一家咖啡連鎖店的實習生，這份兼職讓她收穫了更多的幸福感。

第二個錦囊：找到心流體驗的前提是你不能一直「躺平」

有的學生對我說：「老師，即使我堅持記錄幸福瞬間，也無法找到自己的心流體驗，該怎麼辦？」

這位同學記錄的幸福瞬間，大部分都和吃吃喝喝有關。比如，他去一家新開的餐廳吃了一頓大餐，或者喝到了新口味的奶茶等。這些幸福瞬間有一個共同的特點，就是不需要一個人付出太多的努力就能獲得，這樣的生活缺少足夠的挑戰。

一個人若想獲得心流體驗，有一個重要的前提，就是要付出持續的努力。那些輕鬆獲得的快樂，往往無法達到心流體驗的高度，它們還有另外一個稱呼：感官愉悅。

比如，吃一頓好吃的、躺在床上玩手機、過度縱欲等，這些愉悅感官所帶來的快樂缺少質感，並且持續的時間往往很短，最終很容易把人導向精神上的空虛。

而透過付出一定的努力所得到的心流體驗，會讓人們產生一種深深的滿足感、充實感和存在感。但是獲得這些美妙的體驗是有代價的，就是必須戰勝一定的挑戰。正如《專注的快樂》一書中所寫的一樣：「使出渾身力氣攀登山峰的登山者、拿出看家本領唱歌的歌手、織出空前繁複圖案的紡織工匠，以及必須更新手法或隨機應變以進行手術的外科醫生，都有機會獲得心流體驗。」[41]

很多人經常會有一個錯誤的假設，就是對自己感興趣的事情，即使不付出太多的努力，也會產生心流體驗。然而事實並非如此，因為付出努力是產生心流體驗的一個重要前提條件。

比如，我很喜歡講課，在為學生上課的過程中我經常會產生很多心流體驗。但是假如我不對課程進行任何改進，每次都照著簡報講同樣的內容，我就會感到心理疲憊。講課這件事能夠讓我產生源源不斷的心流體驗，是因為我一直持續不斷地付出努

41 契可森米哈賴，《專注的快樂：我們如何投入地活》，中信出版社，2011：36。

力，根據學生的回饋不斷地對課程做出一些調整，然後帶著興奮的情緒把這些新增加的內容講給學生聽。

正是這種對課程不斷地升級、疊代，使我對所上的課程始終保持著一份新鮮感。與此同時，「如何讓更多的學生能夠從課程中有更大的收穫」這一挑戰的存在，讓我有機會透過努力持續地在講課這件事情上獲得心流體驗。

產生心流體驗的三個條件

找到了能夠讓自己產生心流體驗的活動，並不意味著我們只要一從事這類活動，就會馬上產生心流體驗。

比如，有的人在讀書的時候容易產生心流體驗，但是當他漫無目的地翻一本書的時候，他便無法產生任何心流體驗；有的人在演講的時候容易產生心流體驗，但是當聽眾沒有給他任何回饋的時候，他便無法產生任何心流體驗；有的人在打籃球的時候容易產生心流體驗，但是當他遇到強大對手的時候，他便無法產生任何心流體驗。

為什麼同樣一類活動，有時候我們容易產生心流體驗，有時候卻不容易產生心流體驗呢？這和心流體驗的產生需要滿足的三個條件有密切的關係。這三個條件是**明確的目標、即時的回饋、挑戰和能力相當**。[42]

一、要有明確的目標

只有當目標明確的時候，我們才容易集中注意力，不會輕易因外界干擾而分心。

當我們漫無目的地翻看一本書的時候，我們很難產生心流體驗，因為缺乏一個明確的讀書目標。但是假如我們是為了透過讀一本書來解答自己心中的某個疑問時，讀書的狀態馬上就會變得不同，我們會認真地翻看這本書的目錄，積極思考和主動加工自己所讀到的內容，當我們心中的疑問在書中得到解答的時候，便會有一種豁然開朗的感覺。這個時候，心流體驗就會產生。

42　契可森米哈賴，《專注的快樂：我們如何投入地活》，中信出版社，2011:36。

二、要有即時的回饋

只有當我們獲得即時回饋的時候，我們才知道自己是否正在沿著正確的方向前進，這樣才不會猶豫不決。

一個人在演講的時候，假如無法得到聽眾的任何回饋，是很難產生心流體驗的，因為他不知道自己講的內容是否符合聽眾的興趣，是否真的對聽眾有益。但是假如臺下坐著的聽眾頻頻點頭，在聽到某個段子時還會心一笑，這些積極的回饋，都很容易讓演講者產生心流體驗。很多人都知道，電玩容易讓人上癮，這和遊戲中所設計的上癮機制有很大關係，而即時回饋就是其中最重要的一個機制。

三、挑戰和能力要相當

只有挑戰和能力相當的時候，才最有利於心流體驗的產生。假如挑戰難度太大，我們就容易產生畏難和焦慮情緒，很難放開自己。假如挑戰難度太小，我們又很容易感到鬆懈，提不起太多的興趣，無法保證自己專注於進行的活動。

我經常會參加教職員的籃球活動，對「挑戰要與能力相當」這一點深有體會。我在打籃球的時候，每當遇到太強的對手，往往很難發揮出自己的實力，有的時候在場上打個幾分鐘，就感覺累得上氣不接下氣，這都是由於過分焦慮和緊張導致的。而有的時候，對手太弱也很難讓我產生心流體驗，才打一會兒，就很容易覺得沒勁，提不起太大的興趣來。

在明白了心流體驗產生所需的條件之後，我們特別聚焦工作和休閒兩個場景，看看在這兩個場景中如何創造更多的心流體驗。

如何在無趣的工作中創造更多心流體驗

有些人經常感覺工作非常煎熬，總是盼著早點下班，往往就是由於在工作中缺少足夠多的心流體驗造成的。一個人假如能夠經常從工作中感受到心流體驗，那麼他會無比熱愛自己的工作，因為工作能帶給他無窮的樂趣。

我們可以透過人們在面對下班時的不同心情，來判斷一個人是否在工作中擁有足夠多的心流體驗。對於一個無法在工作中找到心流體驗的人來說，他會忍不住歡呼一聲：「終於下班了！」而對於一個經常能夠在工作中產生心流體驗的人來說，他會忍不住地感嘆一句：「沒想到這麼快就下班了！」

每次為學生上幸福課的時候，我都很容易產生心流體驗。我剛剛開始上幸福課那幾年，通常都是在晚上上課的。對於我來說，有課的晚上總是那麼令人期待。每次下課鈴聲響起的時候，我都有種依依不捨的感覺。

讀到這裡，也許有人會說：「可是我的工作就是很無趣，根本無法產生心流體驗，該怎麼辦？」這個時候，我們可以對工作進行一番改造，從而促使自己產生心流體驗。下面我就和大家分享三個具體可行的方法：

一、替手邊的工作設定一個全新的目標

很多同事都不喜歡統計數據的工作，但是有一位同事，她卻想辦法從「統計數據」這項看似無聊的工作任務中找到了心流體驗。因為她為自己設定了一個全新的目標：用更快的速度進行數據統計。於是，她透過鑽研 Excel，把數據統計的時間不斷壓縮，琢磨出了一套提升統計效率的方法。在這個不斷戰勝難題的過程中，她產生了源源不斷的心流體驗。

二、為無趣的工作賦予全新的意義

一位從事櫃臺工作的朋友，他的工作其實就是接待各式各樣不同的客戶。他的很多同事都覺得這份工作壓力很大，尤其是每天都會遇到很多怒氣沖沖的人。而我的這位朋友則為這項看似無趣的工作賦予了全新的意義，他對我說：「和人打交道的工作，最能培養一個人的情商了，所以我要透過這份工作好好提升自己的情商。畢竟，透過工作培養出來的能力是終身跟著自己的。」

有了這樣的認知，每次出現了不好應對的客戶，他都會主動迎上去，然後使出渾身解數幫助客戶解決問題。在這個過程中，他既能感受到挑戰，又能產生心流體驗。

時間久了，他在處理客戶關係方面的能力得到了提升，還因此獲得了晉升。後來，他被不同的公司請去講課，專門幫助企業培訓員工和客戶打交道的技巧。他的職業生涯道路因此不斷躍遷，他的職業幸福感指數也不斷提高。

三、嘗試在工作中發揮個人優勢

一位大學輔導員，她剛工作沒多久，非常不擅長當眾講話，於是過來向我請教。她對我說，每次站在學生面前的時候，她就很容易緊張。她擔心自己這樣發展下去，會在同學們面前沒了威信。她甚至開始懷疑自己並不適合做這份工作。

在和這位輔導員聊天的過程中，我發現和她交談很舒服，因為她屬於同理心很強的人，會給對方很多回應，也非常擅長傾聽。也就是說，一對一溝通是她的一個重要優勢。

於是，我建議她在增強公眾演講能力的同時，也多發揮自己的優勢：透過採用和學生談話或談心的方式去展開教育工作。畢竟，無論是當眾講話，還是一對一交談，都是為了走進學生內心，從而給予學生一些積極的影響。

後來，這位輔導員傳訊息給我說，自從她開始發揮優勢：花費更多時間去和學生進行一對一的交談之後，學生對她變得更加信賴了。她再走上講臺講話的時候，臺下的學生更願意給她積極的回應了。

慢慢地，她不再像以前那樣害怕上講臺講話了。她還考慮報名參加上海市學校心理諮商師的考試，進一步強化自己「面對面溝通」的優勢，從而在工作中獲得更多心流體驗。

如何在休閒活動中創造更多心流體驗

一個人如果做了很多的嘗試後，依然無法在工作中創造更多的心流體驗，其實也沒有太大的關係。因為除了工作，我們還有很多時間用來娛樂和休閒。如果我們可以充分利用娛樂和休閒的時間，那麼我們依然可以把自己的生活過得豐富多彩。

那麼，如何才能在休閒活動中創造出更多心流體驗呢？想要回答這個問題，我們首先要搞清楚一對概念：**主動式休閒和被動式休閒**。[43]

所謂**主動式休閒**，是指需要付出一定努力的休閒方式。雖然這種休閒方式看起來並不輕鬆，但是很容易帶來心流體驗。比如，讀一本書並不輕鬆，因為你要忍住身邊的種種誘惑，不能頻繁地看手機。但是，一旦你克服了種種障礙，把整本書讀完，並且學到了很多新知識或者讓自己的精神得到陶冶的時候，那種滿足感和充實感是妙不可言的。

所謂**被動式休閒**，是指那種不需要付出努力的休閒方式，比如，滑手機短影音、

43　契可森米哈賴，《專注的快樂：我們如何投入地活》，中信出版社，2011：80-83。

瀏覽八卦新聞、坐在沙發上看電視等。因為這種休閒方式不需要付出努力就可以輕鬆做到，所以無法帶來真正的心流體驗，有時還會使人陷入精神上的空虛。

為什麼主動式休閒能帶來心流體驗，而被動式休閒卻無法帶來心流體驗？這和前面所講到的心流體驗產生的三個條件有很大的關係。主動式休閒，往往需要為自己設定一個休閒的目標，同時整個過程會有即時的回饋，而且在休閒的過程中個人的能力也要和挑戰水準相當。

比如，在社區門口附近，有一群人特別喜歡下象棋，對於這些愛好下象棋的人來說，這就是一項主動式休閒活動，並且很容易產生心流體驗。因為下象棋的人有一個明確的目標——贏了對手；每一步棋走得好或者走得壞都會有即時的回饋——吃掉對方的棋子就是下棋過程中一件特別令人興奮的事情；而且一定要找和自己水準相當的人下象棋才最過癮，那樣個人的能力和挑戰差不多，這也是產生心流體驗的一個重要條件。

在明白了主動式休閒和被動式休閒的區別之後，我們在閒暇的時光裡，就要盡可能地去嘗試主動式休閒，從而讓自己的休閒時光閃閃發光，而不是僅僅滿足於漫無目的地「躺平」。

我們也可以嘗試列出一份自己專屬的「主動式休閒清單」，讓我們在不知道該做點什麼事情放鬆一下的時候，可以快速地找到方向。接下來，我和大家分享一下自己的主動式休閒清單。

第一，每天完成走一萬步的目標、定期爬山、定期參加學校的教職員籃球活動。第二，看勵志類、生活類的電影，或者彰顯人性的紀錄片。第三，不帶功利性目的地去讀一些小說，以及其他能夠拓展知識面的好書。第四，按時收聽有趣的知識類音頻節目。第五，寫自己感興趣的文章。

你的「主動式休閒清單」是什麼呢？

思維09 培養恰如其分的自尊心，變得更加自愛與自信

自尊的三個重要支柱

入職不久的小麗，接到了部門上司安排的一個任務：負責企劃和籌辦公司的一場年會。

對於小麗來說，這個任務有些超出她的能力極限了，但她是一個好勝心比較強的人，不肯輕易承認自己不行。於是，她就勉強答應了下來，並著手開始準備。然而，這個任務真正執行起來，比小麗想像的要困難很多。因為它涉及好幾個部門的協調和統籌，而小麗又是個新人，很多公司的老員工都有「欺負菜鳥」的心理，會有意無意地為難小麗。

總之，小麗遇到了不少阻力和困難，可是她沒有跟上司匯報，因為她擔心上司會

覺得她能力不足。然而，問題不會因為隱瞞而消失。在年會彩排的時候，上司來到現場了解進度。結果可想而知，由於前期準備不夠充分，彩排效果沒有達到上司的預期。

上司把小麗叫到一邊，對小麗提出了幾點改進建議。小麗出於慣性，拿出筆記本準備記錄。上司有些生氣，對著小麗不耐煩地說：「這個時候還記什麼筆記，就這幾個建議，用大腦還記不住嗎？趕快去落實啊！」

看到上司這麼生氣，小麗一下子慌了神，眼淚瞬間奪眶而出。她有些恨自己，當初為什麼非要硬著頭皮接下這樣一個難度很大的任務；同時，她又覺得自己很沒用，因為她得到了上司的否定；最後，她甚至產生了辭職的衝動，因為她覺得自己沒有辦法勝任目前職位的工作了。

其實，小麗所產生的上述反應，都屬於自尊程度較低的表現。在《恰如其分的自尊》一書中，作者克里斯托夫．安德烈提出，自尊有三個重要的支柱，分別是**自愛**、**自我評價**和**自信**。[44]

所謂自愛，是指無論遇到什麼樣的挫折，無論自己表現好壞，內心都會有個聲音

---

44 克里斯托夫．安德烈（Christophe André）、弗朗索瓦．勒洛爾（François Lelord），《恰如其分的自尊》（L'estime de soi），生活書店出版有限公司，2015:7。繁體版為《恰如其分的自尊》，方舟文化。

告訴自己：「我是值得被愛的。」自愛的人，會在遇到困難時和自己站在同一陣線，而非不停地進行自我攻擊。所謂自我評價，是指對自我優缺點的評估，擁有積極自我評價的人，即使遭遇了別人的否定，也不會輕易看輕自己。所謂自信，是指相信自己有能力完成一定的挑戰。不自信的人，在遇到困難時就很容易往後退縮。[45]

回到上述案例中，我們可以設想一下，假如小麗是一個自尊程度較高的人，可能就很難被上司打擊到了。同樣面對來自上司的批評，自尊程度較高的人會進行自我安慰。或許她會告訴自己：「剛入職就遇到這麼大的挑戰，真是太不容易了，自己其實已經很努力了，不必太灰心，要繼續加油。」這就是自愛的一種表現。接下來，她會選擇進行積極的自我評價。或許她會對自己說：「雖然在這件事情上我做得不夠好，但是我自己並不是一個毫無價值的人，我的優點在這次活動中還未得到展露，而進行組織、協調、企劃又恰恰是我的弱點，所以我才會受到批評。」這是進行積極自我評價的一種表現。而自尊程度較高的人，會鼓起迎難而上的勇氣，或許她會問自己這樣一個問題：「如果想讓現狀變得好一點，我可以採取哪些行動？」然後，她會透過更

45 克里斯托夫・安德烈、弗朗索瓦・勒洛爾，《恰如其分的自尊》，生活書店出版有限公司，2015:7-13。

加積極的行動，最終把這次活動做得比預想的還要成功。

自尊，在一個人進行人際交往的過程中發揮著重要的作用。一個人如果自尊程度太低，就很容易在人際交往的過程中受到傷害。當然，自尊程度過高也會產生一些不利的影響，比如自尊程度過高的人容易顯得狂妄自大、過分固執等。[46]因此，我們需要的是一種恰如其分的自尊。

那麼我們如何從自尊的三個支柱出發，幫助自尊程度較低的人有效地提升自尊程度？

學會自愛：停止自我攻擊和自我貶低

如果你的朋友遇到了挫折，你會如何去安慰他？我想大多數人都能想到的答案是，告訴他已經盡力了，不要太苛求自己，別因為傷心而忘記照顧自己的身體。但是

46 克里斯托夫・安德烈、弗朗索瓦・勒洛爾，《恰如其分的自尊》，生活書店出版有限公司，2015：56-61。

當我們自己遇到打擊的時候，有多少人能夠給予自己及時的關愛呢？對於一個自尊程度較低的人來說，他很快就會發動一場自我攻擊，陷入源源不斷的自我譴責中。

凡事追求完美的人，尤其容易陷入對自我的攻擊過程。比如，一個人在完成了一段演講後，別人都過來恭喜他，說他講得很不錯。但是這個演講的人卻對自己剛剛在演講過程中所犯的一個錯誤耿耿於懷，不停地責怪自己表現得不夠完美。

一、停止自我攻擊

在自己遇到挫折的時候，我們最應當做的就是和自己站在同一陣線。擅長自我攻擊的人，內心總會出現一種嚴厲的聲音，第一時間站出來批評自己。這種嚴厲的聲音也許來自童年嚴厲的父母——小時候，父母對孩子比較嚴厲，經常批評孩子。等到孩子長大後，即使父母不在身邊了，但父母的聲音已經被內化，也隨時會站出來把自己批評一番。

對於擅長攻擊自己的人來說，應該嘗試在心中培養另外一個充滿關愛的聲音，比如，可以經常在心裡默念下面這幾句話：「我已經盡力了，可以放過自己了。」、「是人就會犯錯，不要總是對自己要求那麼高。」、「即使做得不完美，我也依然值得被愛。」、「休息一天並不會讓我失敗，我應該更加善待自己。」

二、停止自我貶低

當別人誇你的時候，你通常會如何反應？很多人會這樣說，「不行不行，沒有你厲害」，或者「過獎了，比你差遠了」。當然，如果僅僅是口頭上的謙虛，還可以理解；但如果內心真的總是這麼想，就有問題了。因為這種回應的實質，就是在進行自我貶低——透過貶低自己抬高別人。

這裡我們做更深層次的分析，善於自我貶低的人，內心都存在這樣一種心理模式：我不好—你好。

具有這種心理模式的人，往往都是自尊程度比較低的人。而且，他們在與人交往的過程中會感覺在精神上嚴重內耗，因為他們總是不斷地貶低自己。而每一次的貶低，都是對自我生命能量的一次消耗。

以前的我，就是一個具有「我不好—你好」心理模式的人。每次參加飯局，只要飯局中有比我稍微厲害一點的人，我就不想去參加。因為只要參加了這種飯局，我就會忍不住透過貶低自己去抬高別人，這種行為太令我心累。

好在一個人的心理模式是可以透過深刻反省而改變的。當我覺知自己屬於「我不好－你好」的心理模式後，我就努力把自己往「我好－你好」的心理模式去塑造。這是慣於自我貶低的人提升自尊程度的一個重要步驟。

所謂「我好－你好」的心理模式，是指對自己更加自愛和自信，也對別人充滿欣賞之情。擁有這種心理模式的人，在欣賞他人和欣賞自己之間找到了一個平衡。投入這種人際交往模式中的時候，一個人不會感覺特別心累。

現在的我，即使去見比自己厲害的人，也不會那麼恐慌了。因為我會不斷為自己加油打氣：「對方很厲害，但是我也很棒。所以我沒有必要妄自菲薄，更不需要費盡心思地透過貶低自己去抬高對方。」

你在人際關係中能夠感受到自己是受到滋養而不是受到損耗的時候，才算擁有了恰到好處的人際關係。這也能從側面說明，你不再總是進行自我貶低，同時具備了恰如其分的自尊。

那麼，當別人誇獎你的時候，如何回應對方才不算自我貶低呢？這個答案很簡單，你只要回應一句「謝謝誇獎」就可以了。這表示你接受了對方的讚賞，同時意味著你是一個愛自己的人。

積極穩定的自我評價：不再害怕別人的否定

有一次，一位微信訂閱號的讀者問了我一些問題。但我花時間所做的回答，並沒達到她的預期。於是，她就傳訊息對我說：「什麼狗屁心理老師！」

我沒有做任何回覆和爭辯，只是把這個陌生人拉黑了。雖然我認真地回答了這位陌生讀者的提問，卻沒有得到她的認同，我感到很遺憾，但是我不會為她對我的負面評判感到一絲難過，因為我已經對自己持有一種相對積極的評價。我知道自己的優勢和劣勢，不會輕易地否定自己。我也知道我的價值是內在的且穩定的，不會因為一個人的否定就馬上失去什麼。

做到這一點，離不開這些年我在心理層面的不斷修練。要知道，之前的我，可不是這樣的。

大概十年之前，在剛開始工作的那段時間，我很容易因為別人的一句誇獎而滿心歡喜，也很容易因為別人一句否定的話而覺得自己一無是處。因此，那時的我非常渴望得到別人的肯定，也特別擔心自己在工作中犯錯、被上司批評。

我每天都過得提心吊膽，我的情緒總是處於高低起伏的過程中。這背後的原因很好理解，因為當我把評判自身價值的權利交給別人的時候，也就順便把掌控情緒的韁繩交給了別人。

隨著自我認識的不斷深入，漸漸地，我對自己有了一個穩定、客觀的認知，別人的評價就不會那麼容易左右我的情緒了。我們如果缺乏一個清晰的自我認知，就很容易受到別人的影響，渴望得到別人的認同，害怕得到別人的否定。

想要形成恰如其分的自尊，我們就必須不斷加深對自我的認知，形成一種相對積極穩定的自我評價。

首先，要釐清自己的優勢和劣勢。只看到自己優勢的人，很容易變得自大和自負。而只看到自己劣勢的人，很容易感覺自卑和自憐。我們只有同時看到自己的優勢和劣勢，才能做到不卑不亢，培養出恰如其分的自尊。

其次，要接納自己的劣勢。接納自己劣勢的一個關鍵點就是要明白，沒有人是十全十美的，劣勢只是我們個性的一部分。與此同時，劣勢和優勢就像一枚硬幣的正反面，劣勢有時也在提醒我們的優勢。原來的我，不太喜歡自己偏敏感的性格，因為我覺得這種性格讓我容易多想，而且活得很累。後來，我接納了自己偏敏感的性格，因為我發現，正是偏敏感的性格，才讓我在寫作的時候文思泉湧，才讓我對心理學如此著迷。

最後，要重視自己的優勢。很多人對自己的劣勢非常清楚，但是對自己的優勢卻不甚了解。而根據積極心理學的相關理念，一個人若想獲得更加幸福的生活，就要找到自己的優勢，並且在生活和工作中盡可能地發揮自己的優勢。所以，我們一定要重視自己的優勢，看到自己與眾不同的一面，不要總是覺得別人比自己厲害，這樣才不會妄自菲薄。我們甚至應該把自己的優勢寫在記事本裡，有空的時候就拿出來翻閱，不斷地提醒和激勵自己。

變得更加自信：努力增加自己的成功經驗

所謂自信，通常是指一個人對自己是否有能力完成某一項挑戰的預測和判斷。一個自信的人，在與人交往的過程中自帶光芒和氣場；而一個不自信的人，在與人交往的過程中會顯得怯懦和慌張。

那麼，我們該如何判斷一個人是否足夠自信呢？

有一次，我和一位博士生導師一起吃飯，聽這位老師分享了他如何判斷一個學生是否足夠自信的方法。

他說，在每年面試博士生的時候，他只要對面試者指出一個小小的不足，就能快速判斷這個學生是否自信了。自信的學生，敢於大方地承認自己的不足，也願意接受別人的建議，因為小的建議並不會影響他們的自尊，他們依然會覺得自己是一個十分有價值的人。而不自信的學生，往往防衛意識很強，會把別人的負面評價當作一種攻擊以及對個人價值的否定，因此他們會不斷地找各種理由進行辯解，不停地去維護自己，有人甚至會帶著怒氣當眾反駁面試老師的觀點。

這位博士生導師通常會在綜合判定後，同等條件下更傾向於錄取那些更加自信的學生。他說，根據他的經驗，更加自信的學生，往往情緒比較穩定，讀博士生期間抗壓能力比較強，不太容易出現心理問題。

聽完這位博士生導師的話，我不由得感嘆自信對一個人的重要性。

那麼，我們該如何做才能有效地提升自信心呢？心理學家班杜拉（Albert Bandura）曾經提出過一個「自我效能（Self-efficacy）理論」，這個理論對我們提升自信心具有十分重要的啟發。

根據自我效能理論，就一個人的自信心提升來說，最重要的一個影響因素就是個人的成敗經驗。[47]也就是說，一個人在某一方面累積的成功經驗越多，那麼他在這個方面就會顯得更加自信；一個人在某個方面累積的成功經驗太少，那麼他在這個方面就會顯得不夠自信。

比如，有的男生在和女生說話的時候就會顯得缺乏自信，除了天生羞澀，其實也和他在這方面累積的成功經驗太少有很大關係。而我很少有這方面的困惑，因為我從小就經常和表姐妹一起玩耍，在和女生打交道方面累積了很多成功的經驗。不過，由於父愛的缺失，在我的成長經歷中，很少有和成年男性打交道的經驗，所以即使在我長大之後，每次和成年男性打交道，尤其是和權威人士（男性）打交道，我也會感覺很不自在，有些緊張。

特別幸運的是，在我讀碩士和博士的時候，遇到了兩位非常和藹可親的男性導師，在學習和生活中，他們給了我無微不至的關心。在和他們相處的過程中，我慢慢累積了一些和成年男性，尤其是權威人士打交道的成功經驗。剛開始的時候，坐在導

47　360 百科．自我效能感 [EB/OL].[2021-08-19].https://baike.so.com/doc/6131830-6344990.html

師旁邊，我很容易緊張，感覺渾身不自在。後來，我發現自己可以和導師應對自如地交談了。這些成功的經驗，我也順利地套用到了職場上，工作後就不再那麼害怕與男性上司打交道了。

既然增加成功經驗是提升自信最好的方式，那麼如何做才能增加成功經驗呢？下面這個答案可能會令你有點吃驚，但這卻是事實：**成功經驗往往來自失敗經驗。**

比如，現在的我，在公眾演講方面累積了很多成功經驗。在過去幾年中，小到十幾人的會場，大到幾百人的會場，我都有現場分享心理學知識的經歷。所以，我在公眾演講方面很少會恐懼，有時候我甚至會產生一種聽眾越多越興奮的感覺。

然而，如果退回到十八歲之前，我根本無法想像我會在演講方面如此自信。在十八歲之前，我最害怕的一件事情就是當眾講話。讀高中的時候，我最害怕的就是被老師提問。每次老師提問的時候，我就感覺自己的心臟都快要從胸腔裡跳出來了。還記得剛剛讀大學那一年，當時我在校園裡向一個學姐問路，我緊張得都結巴了，話都說不完整。那個尷尬的場景我到現在還記得。那麼，到底發生了什麼事情，讓我在演講方面變得如此自信了呢？

這就不得不說我在大學期間做的一件最不後悔的事情了，那就是我參加了班級幹部競選，並且當上了班長。自從當上了班長，我就有了大量當眾發言的機會：有時候，我要和同學們開班會；有時候，我要代表班級發言；有時候，我要把收到的一些通知轉達給同學們。

剛開始的時候，我表現得非常糟糕。在我剛讀大學的時候，手機還未普及，很多通知都是靠口頭傳達的。有時候，幾句話就能講清楚的通知，我顛三倒四，要花很長時間才能講清楚。每次面對班級同學的時候，我很容易感到緊張、害怕，有時候甚至緊張得兩腿發抖。但是隨著時間的推移，我在當眾講話時變得越來越自信了，甚至開始慢慢享受當眾講話的過程。雖然我偶爾會有失敗的經驗，但是我累積的成功經驗也越來越多了。

在做心理諮商的過程中，我經常會跟來訪者談到一個理念：越害怕什麼，就越要去做什麼。

害怕做一件事情，往往是因為我們害怕做這件事情的時候會失敗。但是越害怕失敗，不敢嘗試，我們就越無法在這件事情上累積成功的經驗，進而就會變得更加不自信。唯有鼓起迎難而上的勇氣，我們才能從失敗開始，不斷吸取經驗教訓，然後慢慢擁有一些成功的經驗，最終培養出真正的自信。

我們可以這樣簡要概括提升自信的方法：自信來自成功的經驗，而成功的經驗來自對失敗經驗的反思和超越。因此，比失敗更加可怕的是不敢去嘗試，無法鼓起迎難而上的勇氣，最終錯過成長的機會。

思維10　溫柔又堅定地表達自己，不做沒脾氣的爛好人

人際溝通的度：既不能太壓抑，又不能太放縱

我們共同來設想這樣一個場景：

假如你現在正在遊樂園門口排隊等候入場，忽然有一對父子插隊排在你的前面。此時此刻，你會做何反應？

通常來說，人們這時一般會有兩種不同的反應。

第一種反應是，雖然心裡很不爽，但是會選擇忍氣吞聲。因為這一類人會在心裡想：「出來玩最重要的就是圖個好心情，萬一和對方爭吵起來，不好收場怎麼辦？」

第二種反應，選擇出面制止這對父子的插隊行為。選擇這一類反應的人，往往內心的公平正義感很強，喜歡打抱不平。他們或許會厲聲呵斥插隊者：「太沒素養了

吧！你這樣怎麼給孩子做榜樣？」可以想像，由於感覺自己被羞辱了，插隊的父親肯定會拚命反擊，然後和制止插隊者吵成一團。

其實，以上兩種反應都是我們在面對人際衝突時容易採取的典型的不合理應對方式。第一種反應方式屬於過度壓抑型，第二種反應方式則屬於過度放縱型。

在職場中，我們也經常容易做出上述兩種類型的錯誤反應。比如，開會的時候，你正在向上司匯報一個專案的進展情況，但是在匯報的過程中，你頻頻被上司打斷，他不斷質疑你的工作方式。這個時候，有的人會忍氣吞聲，裝作若無其事地繼續匯報工作。但是會議結束之後，這個人的心情會持續低落，他反覆咀嚼上司說過的話，有一股怨氣在心中不斷累積。

有的人則會當場和上司反應，明確告訴上司：「請你不要頻繁打斷我的話，可以嗎？我的想法您都沒有完整地聽完就開始評判，我覺得您這樣一點都不尊重我的成果！」一聽完此人的話，上司很生氣，整個會議室的氣氛都僵住了。

我透過兩個案例分析了兩種錯誤的人際溝通方式：過度壓抑和過度放縱。這兩種錯誤的溝通方式具體有哪些不妥之處，以及會帶來哪些具體的危害呢？

一、在人際溝通中過度壓抑自己的危害

我們通常會將那些在職場上不敢表達自己情緒的人稱為「爛好人」。爛好人通常都無法得到別人的真正尊重。因為在別人的眼中，爛好人是沒有脾氣的人，誰都可以隨意使喚他們。而爛好人被隨意使喚久了，心中的怨氣越積越深，最終有可能來一次大爆發，驚嚇到他們身邊所有人。

其實，每個人都有情緒。從表面上看，爛好人好像是沒有情緒的人，即使受到不公平待遇，也不會輕易地展示出來，那是因為他們非常善於壓抑情緒和隔離情緒。

對於壓抑情緒這個詞，大家可能都不陌生。爛好人選擇壓抑情緒的一個重要原因是，他們感覺自己所產生的負面情緒（如憤怒情緒）是有害的、會傷人，所以要阻止這種情緒蹦出來，以免破壞人際關係。

而所謂隔離情緒，是指不去感受自己的負面情緒，使自己變成一個麻木的人。但我們的情緒不會因為壓抑和隔離而自動消失。每一份被壓抑和隔離的情緒，都會隱藏在心底，不停地消耗我們的心理能量。所以，經常壓抑情緒的人，容易感覺心累。

前以色列總理戈爾達．梅爾（Golda Meir）曾說過：「那些不知道用整顆心去哭泣的人，也不會知道如何開懷大笑。」我們選擇了壓抑負面情緒，也會喪失對快樂的感

受能力。所以，壓抑情緒，是一種不成熟的心理防禦機制。

除了心理層面的危害，經常壓抑情緒還會造成對身體方面的損害。在心理學上，我們會將那種擅長壓抑自己、愛生悶氣、不敢表達自己情緒的人格特質稱為「癌症性格」[48]。雖然精神和心理層面的原因並不是導致癌症的直接原因，但是這些被壓抑的消極情緒會影響和降低一個人的免疫力，從而增加癌症的發生機率。

一個人在人際溝通中總是壓抑自己的感受，不敢表達自己，最終很容易讓情緒陷入一種惡性循環。你越壓抑自己，不敢表達自己，別人就越容易侵犯你的個人邊界，你就不得不將更多的怒氣和怨氣壓抑在心底，任由這些怒氣和怨氣不斷地消耗自己的心理能量。

二、在人際溝通中過度放縱自己的危害

在人際交往過程中，很多人屬於心直口快型，遇到一些看不慣或者讓自己心裡感覺不爽的事情，會選擇馬上把自己的憤怒和怨氣表達出來。然而，這種溝通方式，很

48 鄭日昌，《情緒管理壓力應對》，機械工業出版社，2008：16。

容易把事情搞得更加糟糕。

有一次，我在所帶的班級群組裡收到學生發來的一則訊息。學生在群組裡詢問：「老師，這學期的補考到底安排在什麼時間啊？」那段時間，我雜事纏身，一看到這則訊息，就感到一股無名火湧上心頭。前幾天，關於考試安排的時間我已經在群組裡通知過兩次了。這位同學可能懶得去看這些訊息，當他需要了解訊息的時候，就馬上在群組裡詢問。我感覺自己付出的勞動沒有得到尊重，又覺得這種「遇到事情就做伸手牌」的方法非常不可取，就非常簡單粗暴地在群組裡回覆了一句：「你去翻一下聊天記錄，不要凡事都做伸手牌，要學會自己的事情自己做！」

把情緒發洩了出來，我當時感覺心裡是爽了。但是我忽略了兩點：第一，不應該在群組裡公開批評一位學生；第二，大學生的自尊心都很強，很愛面子，這樣做會讓他下不了臺。

這位同學也在群組裡毫不客氣地回覆我：「你如果不想告訴我答案就直說，沒必要講一堆道理。另外，老師你自己還向別人講授情緒管理的課程，請先把你自己的憤怒情緒管理好吧。」

看到這位同學的訊息，我的大腦馬上一片空白，我沒想到他會如此出言不遜，這讓我感覺很受傷。好在我快速冷靜下來，沒有在群組裡和這位同學繼續互相譴責。這麼多年過去了，這位同學在群組裡的回覆我還記憶猶新。

如果再次處理同樣的事情，我可能會選擇另外一種溝通方式。我會在收到這位同學的提問之後，透過私訊和他進行一番交流：先告訴他問題的答案，然後順便囑咐一句，今後記得及時查看群組裡的通知，不要每次都做伸手牌。

實際上，在後來的工作中，每當遇到學生問我之前曾經講過的事情的時候，我都會採取這種應對方式，先告訴對方答案，再對其進行一番教育和叮囑，告訴這一類學生要養成獨立解決問題的能力。事實證明，採用這種溫柔又堅定的方式去和學生溝通後，大部分學生都會接受老師善意的提醒，學會今後自己主動尋找答案。

在人際溝通過程中，一方過於放縱自己的情緒，或者採取相對暴力的溝通方式，很容易對雙方關係造成永久性的或者不可逆的損傷，進而切斷溝通的管道，最終導致難以挽回的局面。在十多年的職場經驗中，我曾見過不少非常有才華的同輩人，但是他們當中有幾個人因為性子太急、太剛烈，遇事很容易衝動，給身邊的人留下了一種脾氣火爆的印象，為職業發展埋下了很多隱患。

也許有人會問，我這個人性子就是很急，遇到事情很容易生氣上火，如果非要把這些衝動壓在心裡，我會感覺整個人都憋壞了，該怎麼辦？

假如我們能夠學會溫柔又堅定地表達自己，我們就很容易找到一種合理的方式去宣洩自己的情緒。這樣去做，不僅可以做到維護自己的邊界，還不會對他人的感受造成傷害。

溫柔地表達自己：擁有同理心

想要學會溫柔地表達自己，我們首先需要擁有同理心。所謂同理心，主要是指一個人能夠站在對方的立場上去考慮問題的能力。當你能夠走出自己的世界，做到設身處地地去為對方考慮的時候，就可以說你具備了同理心。

明白同理心的概念並不難，難的是如何在實踐中去運用同理心。想要更好地實踐同理心，我覺得至少要做到以下三點：第一，以平等的姿態對待對方；第二，了解對**方的真實想法和真實感受；第三，尋找雙方的共同利益**。只有在做到上述三點的基礎上，你才能讓對方感受到你是理解對方的。也只有這樣做，你才能為雙方在後續溝通中達到相應的目標做一個良好的鋪墊。下面，我透過兩個例子來說明一下，如何在日常溝通中有效實踐同理心。

比如，我在之前做行政工作的時候，經常會遇到學生曠課的情況。這些經常曠課的大學生，讓很多老師十分頭疼。那麼面對這部分學生，老師怎樣和他們溝通才能展現出同理心呢？有的老師習慣一上來就劈頭蓋臉地批評學生一頓：「你自己說說，這都是我第幾次跟你說曠課的問題了？這樣下去，你到底還想不想畢業了？」這種溝通方式，很容易激起學生的反抗心理，可能老師話還沒說完，學生就把電話掛斷了。

我們如果套用前面講到的實踐同理心的三個方法，就可以嘗試和學生進行以下溝通。

首先，我們不要以居高臨下的姿態去批評學生，而應以平等的姿態和學生談心。畢竟，那些經常曠課的學生往往已經受到過很多批評，因此他們並不缺少一個批評他們的人，而是缺少一個走進他們內心的人。

其次，作為老師，我們可以選擇用朋友的口吻去了解學生的真實想法和感受。例如，「最近你經常曠課，是不是遇到什麼困難了？是身體不舒服嗎？還是學習壓力太大了？」老師若選擇以這樣的方式和學生交談，很少會引起學生的反彈。有的學生在感受到老師的真誠之後，很可能會把自己目前面臨的困難向老師訴說，從而促進問題的最終解決。

最後，老師要嘗試尋找雙方的共同利益。從根本上說，老師督促學生去上課，本質目的就是促進學生的學習。而學生來到大學讀書，也懷揣著同樣的目的。老師如果能夠圍繞這個共同目的去做一些努力，就可以爭取到學生的配合。

例如，有的學生之所以會曠課，是因為晚上經常睡得太晚。這個時候，如果老師和學生一起分析一下晚睡的原因，以及就如何養成良好的作息等問題進行深入的探討，學生是願意做出改變的。因為學生能從這個過程中感受到，老師是在為他的個人成長考慮，而不僅僅是為了完成管理任務。

前些日子，我的朋友老王建了一個粉絲群組，每天他都會和粉絲朋友們在群組裡聊一些與個人成長相關的話題。當時，老王也讓我加入了。

剛開始的時候，群組裡的氛圍還算不錯，大家討論得還挺熱烈的。但是有一位粉絲朋友開始在群組裡發廣告連結，讓群組裡的其他夥伴都感覺有些不舒服。老王提醒了這位粉絲朋友一次，後來這位粉絲朋友又發了一則廣告連結，因為這位粉絲朋友覺得，他發的並不是廣告，而是在把好東西分享給大家。那麼，老王是怎麼處理這件事情的呢？

我的朋友老王是一個情商非常高的人。當時他沒有選擇簡單粗暴的方式去處理這件事情：直接把這位粉絲踢出群組，而是運用我們剛剛提到的實踐同理心的三個原則去和這位粉絲朋友做了一番溝通。

首先，他沒有以居高臨下的姿態去指責這位粉絲朋友，而是以平等的姿態去和這位粉絲朋友聊天。其次，他認真詢問了這位粉絲朋友在群組裡發廣告的真實想法和感受。原來這位粉絲朋友也沒有什麼特別的想法，只不過他是做業務出身，出於一種職業慣性，會忍不住把自己認為好的一些東西和大家分享。最後，老王找到了和這位粉絲朋友之間的共同利益。老王告訴這位粉絲朋友：「這個群組裡的人，大都對廣告連結比較反感，你這樣直接發廣告，效果也不太好，已經有群友跟我說比較反感你的這種做法了，所以我想先把你移出群組。我覺得你可以把廣告連結發到自己的朋友圈裡，對產品感興趣的朋友自然會購買。當然，以後如果我個人有相關需求，我會首先考慮從你這裡購買。你看可以嗎？」就這樣，這位發廣告的粉絲朋友主動退出了群組。

不過，我們在運用同理心進行溝通的時候，有兩種情況容易導致溝通失敗：第一，我們沒有把對方當作平等的對象來看待；第二，我們根本就不關心對方的目標，只關心自己的目標是否能夠盡快達成。如果我們能注意這兩點，就很容易和溝通的另外一方達成合作的態度。[49]

堅定地表達自己：捍衛自己的邊界

前些日子，家裡空調壞了，我聯絡了維修公司上門維修。結果來的兩個維修師傅調試了好幾次，也沒修好。上門之前，維修師傅收取了押金，並承諾說修不好的話會將押金全額退還。

後來，維修師傅聯絡我說，空調雖然沒修好，但還是要收取一定的上門費和高空作業費，因為大熱天的他們兩次上門維修，非常不容易。

我覺得這個要求有些不合理。如果換作以前的我，很可能會選擇忍氣吞聲，然後

49 科里・帕特森（Kerry Patterson）、約瑟夫・格雷尼（Joseph Grenny）、戴維・馬克斯菲爾德（David Maxfield）等，《關鍵衝突：如何化人際關係危機為合作共贏》（*Crucial Accountability: Tools for Resolving Violated Expectations, Broken Commitments, and Bad Behavior, Second Edition*），機械工業出版社，2017:73。

向家裡人抱怨一下。但是這一次，我嘗試溫柔又堅定地表達自己的想法，告訴維修師傅：「大熱天的，上門維修空調確實不容易。但是之前你們明確跟我說，空調沒修好，分文不取。現在空調沒修好，你卻說要收我的錢，我感覺這筆錢付得很冤枉。我希望你們能夠信守承諾。」

溝通的整個過程，我一直平心靜氣、將心比心，也沒有表現得咄咄逼人。掛掉電話之後，維修師傅很快就退還了所有的押金。

其實，在上述溝通過程中，我所運用的一個溝通方法就是「XYZ法則」，這個法則可以幫助我們更加堅定地表達自己。很好理解，XYZ法則，就是一個行為步驟的公式：你做了X，我感到Y，我希望你能做Z。

回到這篇文章開頭所提到的那對父子插隊的案例中，如果是你在場，你會如何向那對插隊的父子溝通？

我們同樣可以嘗試運用XYZ法則進行溝通。比如，「不好意思，你們可能沒有注意到，你們現在正在插隊，而我們在這裡已經排隊等了半個小時了（X），如果你們直接這樣插隊，我覺得對正在排隊的人來說很不公平（Y），希望你們站到隊伍的後面去（Z）。」

我們可以體會一下，這樣和對方溝通，是不是比較容易取得更好的溝通效果？因為當我們在運用XYZ法則進行溝通的時候，往往是基於事實（X）進行談話，然後透過談自己的感受（Y）引起對方的同理心，最後透過指出行動方向（Z）進一步解決問題。

我們若採用了上述溝通方式，沒有人身攻擊，只有就事論事，整個過程沒有無端的指責，就可以有效地避免讓衝突不斷升級。與此同時，這種溝通方式還可以有效地促進我們表達自己內心的真實感受，而不是選擇沉默，即使自己感到異常憤怒和委屈，也無法鼓起表達自己感受的勇氣。

對於那些總是壓抑自己感受的人來說，如果想要鼓起溝通的勇氣，就要完成一項重要的認知升級：不是所有的拒絕都帶有傷害性質。我們完全可以嘗試一種「不帶敵意的拒絕」：我拒絕你，並不是因為我想傷害你，只是因為我們處在平等的位置上，我完全有權對侵犯自己邊界的行為說一個充滿力量感的字：不。

在現實生活中，很多人從來都搞不懂為什麼有人會默默忍受，他們通常會選擇更加粗暴的方式去溝通。比如，他們會直接開罵：「瞧瞧，這人臉皮有多厚，這家人是多麼的沒素養。」這樣一來，很容易讓挨罵的一方充滿防衛意識，從而使衝突不斷升級，最終兩敗俱傷。

而所謂溫柔又堅定地表達自己，就是要在尊重別人的感受和尊重自己的感受之間找到一個平衡點。我們帶著同理心去和對方溝通，是為了尊重別人的感受；把自己的不滿以一種合理的方式表達出來，是為了尊重自己的感受。只有當別人的感受和自己的感受都得到了有效的尊重，這樣的溝通才比較容易達到雙贏的效果。

思維11　敢於大膽提出個人請求，勝過長期默默努力

敢提請求，永遠是一個加分項目

有一次，我因為要出版一本書，需要和合作方簽訂一份出版合約。我是一個做事比較謹慎的人，所以很擔心合約中會有一些對自己不利的條款。在簽合約之前，我花了很長時間認真閱讀合約中的所有內容，生怕自己吃了啞巴虧。

然而，縱使我看得再認真，依然會有一些合約條款我不是很有把握，心裡有些擔憂。看著我愁眉苦臉的樣子，我的家人就提了一個建議：「為什麼不請一位懂法律的人來幫幫你呢？」

於是，我請了一位律師朋友幫我審合約，沒想到這個小小的請求一下子就減輕了我的心理負擔。因為他學習的是法律專業，對合約中容易出現的一些問題了然於胸，

三兩下就和我講清了合約中的風險，並且告訴我有哪些條款還需要聯絡合作方去做進一步的修改。由於這位朋友所給的建議都很專業，合作方覺得我在簽合約方面經驗很豐富，於是在一些雙方存在分歧的地方做了讓步。

很多人都有這樣一個心理傾向：遇到自己並不熟悉的知識領域的問題，首先考慮的是如何獨自去解決，不願意去麻煩別人，也不好意思向別人提出請求。擁有這種心理傾向的人，往往是害怕欠別人「人情債」，因此在一定程度上有些逃避人際交往。

然而，從長遠的角度來看，凡事都不願意向別人提出請求，可能會有更大的損失。因為他們很難借助別人的智慧去做事情，同時很容易喪失一些解決問題的資源，最終導致一個人悶頭苦幹好長一段時間，也沒能解決問題。

而善於向別人提出請求的人，則走了一條捷徑。他們可以在短時間內收集到很多促使問題解決的資源，在借助他人智慧和經驗的基礎上，更快地解決問題，從而達到事半功倍的效果。

知道我有讀博士的經歷，不少學弟或學妹向我詢問過考博班的相關問題。在這些學弟學妹中，有一位學妹讓我印象特別深刻。在考博班之前，她透過朋友的朋友要到了我的聯絡方式。其他的學弟學妹，出於客氣和禮貌，以及讀書人的矜持，基本上只問了一兩個問題，但是這位學妹鍥而不捨地問了我很多問題。

我工作太忙，偶爾會忘記回答她的問題，但是她會鍥而不捨地換一種更加委婉的方式再問一遍。見她如此執著，我每次都耐心回答。她透過一次又一次的提問，幾乎把我知道的關於考博班的全部經驗都問了出來。

令我驚訝的是，這個學妹僅僅用了一年時間準備和複習就考上了。要知道，很多人（包括我在內）是花了好幾年時間備考才考上的。當然，這裡面還有其他因素的影響。但是，「敢於不斷向別人提出請求，積極主動地借鑑別人的經驗」，這一點絕對是一個加分項目。

到目前為止，我已出版了四本書。就銷量而言，我所寫的第二本書《情緒掌控，決定你的人生格局》賣得最好，曾經排在當當網勵志類新書熱賣榜的前幾位，上市三個月的時間內就再版了兩次。後來我認真反思了一下，難道是因為第二本書的品質比其他幾本書的品質明顯更好嗎？

未必。每一本書，我都花費了大量的時間和精力認真寫作。同時，這幾本書的名字都是經過編輯和我反覆商討精心打磨出來的。那麼，為什麼第二本書賣得更好呢？

從我個人的角度來分析，是因為在出版第二本書的時候，我放下了讀書人的清高，厚著臉皮向身邊很多人推薦了自己的書，並且請求他們幫忙宣傳和推薦這本書。比如，我厚著臉皮把自己的新書上市資訊發到了各個同學群組，請求他們幫忙轉發新書連結；我還厚著臉皮請求那些文筆厲害的好友幫忙寫優質的書評，從而擴大這本書的影響力；我甚至連家裡的親戚朋友都動員了起來，請求他們轉發我的新書資訊。

在向別人提出請求的過程中，我也被一些人拒絕過。比如，我在把書寄給某位朋友之後，希望他能幫忙寫一篇書評，結果對方再也不回覆我的任何訊息了。當然，大部分朋友對我提出的請求都給了積極的回覆，並且願意幫我去宣傳這本書。出版社看到我作為作者都如此努力，也努力為我爭取了更多的行銷資源。這樣，這本書在上市初期就累積了足夠多的勢能，最終推動了這本書的銷量不斷攀升。這一切，都是因為我在那段時間鼓起了「就算被拒絕，也要大膽向別人提出請求」的勇氣。

敢提請求，能夠有效緩解心理壓力

比起向別人提出請求，很多人更喜歡自己悶頭苦幹，因為他們害怕被別人拒絕，而被別人拒絕之後，就意味著丟了面子，還意味著個人的自尊心受到了傷害，自身的價值也可能會受到貶損。

但是，和丟面子這類潛在風險相比，敢於提出請求的好處太多了。作為心智成熟的大人，做事之前都應該進行一番利弊分析。我們在意識到提出請求的巨大好處後，就要鼓起充足的勇氣，大膽地向他人提出請求。下面，我就分別介紹一下提出請求的三大好處：有效緩解心理壓力、獲得更多的回報、贏得別人的尊重。

一、有效緩解心理壓力

前面文章中提到的那位學妹，她透過鍥而不捨的詢問，快速又全面地了解了考博班及讀博班的相關注意事項。透過積極地向過來人請教，她避免了獨自一人浪費時間探索，走一些沒有必要走的彎路，有效減輕了她在備考過程中可能出現的心理壓力。

只要環顧四周，我們就會發現，那些很容易在生活或工作中背負很大心理壓力的人，大都是不懂得及時向別人求助的人。他們中有不少人都有「閉門造車」的習慣，他們寧可花很多時間一個人鑽研問題，獨自面對各種複雜的問題，也不願意「屈尊」向別人提出請求。

這種「不敢大膽提出請求」的習慣，會使一個人無法充分運用身邊的有利資源，從而長時間地陷入孤軍奮戰，心理上所感受到的壓力也始終得不到任何減緩。

前段時間，我換了一份新的工作。雖然這份工作的內容和性質都是我所喜歡的，但是來到新的單位，我面臨著很多全新的挑戰，感受到不小的壓力。比如，我需要適應全新的工作環境和人際關係，需要在短時間內完成兩門新開課程的備課，還需要站穩講臺，讓自己所講授的課程得到學生的認可。

為了快速地適應新環境，減輕心理上的壓力，我鼓起勇氣大膽地向身邊的老師提出請求。比如，我努力結識新的朋友，然後請求這些朋友帶我熟悉學校環境，並對我如何適應學校環境予以指點；向有經驗的老師請教，請求他們在備課以及上課方面傳授給我一些寶貴的經驗。經過不斷地提出請求，我在短時間內得到不少人的幫助，有的老師慷慨地把自己的教學參考資料和我分享，有的老師特地拿出時間和我一起備課……有了他們的幫助，我快速地適應了新環境和新角色。

二、獲得更多的回報

我的一位好朋友，在一家知名企業做老總的助理，他向我分享了由於大膽提出請求，幫助他實現了升職加薪的經歷。

我的這位好朋友，屬於那種任勞任怨、做人做事都特別踏實的人。平時他是老總的得力幹將，幫老總解決了不少工作和生活中的難題。為了督促老總養成健身的習慣，他還特地買了和老總同款的運動手環，堅持每天陪老總一起走一萬步。就是這樣一位任勞任怨的下屬，薪資卻連續幾年都沒有得到太大的提升。

有一次，他陪老總出去見客戶，為了好好陪客戶，他一個人喝了一大瓶紅酒。老總馬上向他投來讚許的眼神。借著酒勁，他鼓起勇氣向老總提出請求：「張總，今年公司很多員工都調薪了，我的薪資是否也能漲一點？」

老總聽到這個請求後，先是很驚訝，因為他一直以為我的這位朋友也在上一輪調薪名單中。第二天，老總直接打電話給人力資源部的負責人，讓我這位朋友的薪資一下子有了很大幅度的提升。

三、贏得別人的尊重

幾年前，我和家人一起外出時住在酒店。那家酒店在網路上的評分很不錯，我們全家人便想借此機會體驗一下。

走進酒店後，我們也確實發現這家酒店的服務特別棒。比如，接待人員一直帶著笑臉，房間裡面還有電動窗簾、迎賓水果和糕點等。

一切體驗都是如此美好，直到晚上十二點左右，全家人要關燈睡覺的時候才發現，因為訂的房間是高層景觀房，有一扇窗戶無法徹底關閉，留著一條縫隙，所以房間裡面始終能聽到讓人心神不寧的風聲。

我想馬上換房間，家人卻勸我大半夜的不要給別人添麻煩了。但是我覺得好不容易出來玩一次，就應該住得舒心一點，該提要求時還得提出要求，便打電話給前臺要求更換房間。

事情進展得遠比我們想像得要順利。雖然已是深夜，但是酒店馬上派人前來檢查了房間，並且承認是酒店方的問題，然後很快為我們更換了房間。

第二天，在我們離開酒店的時候，前臺接待人員非常客氣，還特別感謝我們向他們提出的建議，說今後他們會更加認真地檢查房間，從而為顧客提供更好的入住體驗。作為感謝和致歉，酒店還專門贈送了一個紀念水杯。走出酒店的那一刻，我發現，敢於提出請求，是可以贏得別人的尊重的。

提出請求之前，請牢記三個要點

讀到這裡，也許有人也想鼓起勇氣，大膽地提出自己的請求。在你行動之前，請記住提出請求的三個要點。

一、提出的請求要明確又具體

每一個人的時間都很寶貴，沒有人有義務花很長時間去思考你的真正需求是什麼。所以，我們在提請求的時候，一定要努力做到明確又具體。

我經常會收到微信訂閱號讀者傳來一些心理方面的求助訊息。例如，「老師，我感到心裡很煩，該怎麼辦？」對於這種求助訊息，我是沒有辦法回覆的，因為我不清楚這位讀者遇到了什麼樣的心理困惑。

而有一些讀者就會很清晰地提出自己的請求。對於這一類請求，我就非常願意花時間去解答。例如，「老師，最近我感覺工作壓力很大，因為我覺得自己不懂得如何進行時間管理，總是無意識地拖延去做那些真正重要的事情。針對這種情況，您能向我推薦幾本書嗎？」

二、嘗試摸清對方的心理底線

如果你向在大街上偶然遇到的一個陌生人借一百塊，成功的機率是非常低的，你甚至會被當成騙子。但是假如你在乘坐公車的時候忘記帶硬幣，需要向身邊的人借一元的時候，就很容易成功。

這是因為，每個人在面對他人的請求的時候，都有一個心理底線。你提出的請求只有在對方的底線範圍內，才容易被滿足。因此，我們在提出請求的時候，要清楚對方的心理底線，在此基礎上提出請求，才比較容易取得成功。

三、做好被拒絕的心理準備

無論我們在提出請求之前做了多少思考、鼓起了多少勇氣，我們提出的請求都依然有可能會被別人拒絕。就好像你來到一個陌生的地方，隨機向迎面走來的人問路，總有人會熱心地幫助你，也總有人會冷冰冰地對你說「不知道」。

在面對別人拒絕的時候，很多人在非理性思維的作用下，容易陷入自責中，容易以偏概全，容易給自己貼標籤。這個時候我們一定要做好心理建設。我們需要牢記的是，一次被拒絕並不能說明你就是一個不被別人喜歡的人，也不能說明你今後會一直被別人拒絕，更不能說明你就是一個失敗者。

只要你提出的請求並不過分，在面對拒絕的時候，你就需要不斷為自己加油打氣，告訴自己：「多提出幾次請求試試，成功的機率肯定會不斷提升的。」很多事情都遵循這樣一個原理：嘗試得越多，累積的經驗越多，成功的機率就越大。

最後，我想透過小時候發生在自己身上的一個案例來講一講，如何在提出請求的過程中綜合運用上述三個要點。

在讀小學的時候，我特別想加入學校剛剛成立的數學課後興趣班。這個興趣班會教一些比平常上課時更難一點的內容。在大多數同學眼中，加入這個興趣班是一種榮耀。但是由於我的數學成績不是特別好，當時沒有資格加入這個興趣班，我因此感覺特別失落。

我想，我一定要好好努力，當我把數學成績考入班級前十名的時候，再跟老師提要求加入興趣班。

然而，有一天放學的時候，我遇到一位數學成績比我還差一點的同學在走廊上對老師說：「老師，您就給我個機會讓我加入興趣班吧，我真的很喜歡學數學。」我當時的第一個想法就是，他一定是白費勁，老師肯定不同意，因為我的數學成績比他好，都沒有機會加入興趣班，更別提他了。

沒想到，數學老師竟同意了這位同學的請求，對這位同學說：「我可以同意你加入興趣班，但是你要好好努力。」看到這一幕之後，我快步湊上前去問數學老師：「老師，那我也可以參加這個興趣班嗎？從本週開始可以嗎？」

數學老師既然已經同意了一個成績比我還差一點的同學加入了興趣班，就沒有理由拒絕我的請求了。就這樣，憑藉這次請求，我比原定計畫提前不少時間加入了數學興趣班。

回顧這次經歷，我所提出的請求之所以能夠被老師爽快答應，就在於以下三點：第一，我所提出的請求明確又具體——我向老師提出的請求不僅是「是否可以加入興趣班」，而且是「是否本週就可以加入興趣班」；第二，我也摸清了老師的心理底線——透過老師與那位同學的對話，我了解到，即使數學成績差一點，只要表現出積極的學習態度，就有機會加入興趣班；第三，我也做好了被拒絕的準備——即使老師不同意我這次加入興趣班，我也會詢問老師拒絕我的原因，依然可以透過努力提升自己的數學成績，爭取下一次考試結束後再加入興趣班。

加入數學興趣班後，我有了一種如魚得水般的感覺，每天我都會花很長時間「攻克」老師出的數學難題，充分享受到了思考和解決數學問題的樂趣。

親愛的讀者，在你的生活中，現在面臨著一些難題嗎？你是否考慮過，先從提出一個請求開始，然後慢慢找到破解某個難題的契機？祝你好運！

思維12 用心經營社會支持系統，不要讓自己活成「孤島」

沒有人是一座「孤島」：我們都需要他人的關心和支持

我先問你兩個問題：第一，當你遇到困難的時候，是否有人願意及時趕來幫助你或者安慰你？第二，當你心情低落的時候，是否有一個朋友或者家人可以讓你毫無顧忌地去傾訴衷腸？

對於以上兩個問題，如果你的答案都是肯定的，那麼恭喜你，這說明你擁有一個良好的社會支持系統。

什麼是社會支持系統呢？簡單來講，就是指當我們遇到困難和挑戰的時候，那些能夠為我們提供物質上的幫助或者精神上的支持的人。一般來說，一個幸福的家庭或者一些交往不錯的朋友，都屬於我們的社會支持系統。

前段時間，我的兒子從床上摔了下來，手臂骨折了。透過這件事情，我很快就感受到了社會支持系統的重要性。單位裡的同事讓我不要心急，說工作上的一些事情他們會幫我頂著。幾個好兄弟也前來詢問孩子住院的情況，問我在哪些方面可以幫上忙。兒子出院後，鄰居和好朋友紛紛過來探望，帶來了水果和各種祝福。

人在脆弱的時候，特別容易被這些善意的行為感動。逢年過節的時候，你收到祝福訊息並不會覺得有什麼特別的，但是在自己真的遇到困難的時候，好朋友發來的問候訊息，以及提供的一些力所能及的幫助，會讓你感動很長一段時間。更加重要的是，我們一家人在這個過程中也彼此支持、互相理解，整個家庭的凝聚力因此變得比以前更強，覺得生活中沒有什麼困難是不可戰勝的。

一個良好的社會支持系統之所以會為一個人帶來如此多的積極體驗，是因為人的本質屬性便是社會屬性。一個人只有融入社會中，才會找到存在感和價值感。與此同時，穩固的社會支持系統可以幫助我們在危險來臨的時候更好地面對壓力、抵抗風險。一個人經常性地感覺自己是有人支持，而不是孤立無援的時候，無論是精神層面還是身體健康層面，都可以得到很好的滋養，因此他有更大的可能性會過得更加幸福和健康。

二〇一〇年，美國的一項研究發現，與那些社會支持系統較弱的人相比，擁有強大的社會支持系統的人死亡率降低了百分之五十。[50]另一項針對位於美國、日本、義大利三個長壽社區的居民的研究發現，這些長壽社區的居民有五個共同之處，其中排在前兩位的分別是：以家庭為重、積極參與社交活動。[51]而積極心理學的相關研究也發現：「非常幸福的人和一般人、不幸福的人之間最大的差別在於前者有著非常充實豐富的社交生活。」[52]

既然社會支持系統對我們的身體健康和心理幸福都發揮著如此重要的作用，那我就從經營朋友關係和家庭關係兩個方面入手，講講到底應該如何打造屬於自己的社會支持系統。

50 英國DK出版社，《壓力心理學》，電子工業出版社，2019：176。
51 索尼婭．柳博米爾斯基，《幸福有方法》，中信出版社，2014：118。
52 馬丁．塞利格曼，《真實的幸福》（*Authentic Happiness*），萬卷出版公司，2010：63。繁體版為《真實的快樂》，遠流。

經營好朋友關係：你想要什麼，就先給出去

只要環顧四周，我們就很容易發現，那些特別受歡迎的人有一個共同的特質：樂於付出、善於給予。比如，那些經常在社群媒體為別人按讚的人，他的發文底下往往也有不少人按讚；而那些平時很少給別人按讚的人，他的發文下按讚者往往寥寥。

那麼，為什麼善於給予的人更受歡迎呢？從心理學的角度來分析，因為每個人的心裡都有一種互惠的本能：當別人給予我們某些幫助或者好處之後，我們也會忍不住找機會去回饋這些幫助或者好處。而善於給予的人，由於經常去幫助別人，在遇到困難的時候，自然就會得到來自別人的更多幫助，所以他就更受歡迎。

有一次，我在同學群組裡發現了一件有趣的事情。那天，小A在群組裡發了一個紅包，希望大家幫忙做一個調查問卷，結果群組裡一片死寂，無人回應。原因很簡單，畢業這麼多年，小A很少在群組裡發言，別人發訊息的時候，她也很少回覆，如今她在有求於別人的時候才想起到群組裡求助，所以大家都不理她。

沒過幾天，同學小B在群組裡發了一個投票連結。原來，她女兒正在參加一個英語演講比賽，需要大家幫忙投票，拉拉人氣。群組裡的同學紛紛幫忙投票，還自動把

投票的截圖晒在群組裡面。後來，有幾位同學還和小B在群組裡聊起了育兒經驗，群組裡面一下子變得很熱鬧。

為什麼小B這麼受歡迎呢？因為小B是一個熱心的人。群組裡每當有人提出問題的時候，小B總是盡己所能地去回覆。而且，小B經常替老同學的發文按讚。這就使很多人對小B都有一種虧欠感，所以當小B需要幫助的時候，大家都搶著去幫她。

人際交往的法則有很多，我個人覺得最重要的一個就是，一個人首先要學會給予。一個人只要學會了給予，就會開啟一種人際交往的良性循環。你給予別人的越多，那麼你得到的也就越多。

在學校為學生上課的時候，我經常安排一個「學生課堂分享」的環節。剛開始，我發現每當有學生在臺上分享的時候，臺下經常有學生不認真聽。這時我就會和這樣的學生分享上述道理，告訴他們：「如果你們希望自己在臺上演講的時候，臺下的同學能夠認真傾聽，就請你們先學會認真傾聽臺上同學的演講。如果你們希望自己的演講可以得到臺下同學的掌聲，就請你們先學會把自己熱烈的掌聲給出去。總之，如果你們想得到別人的尊重，就先把你們的尊重給出去。」

大部分學生都是很有悟性的，一旦他們聽明白這個道理，就會很快進入傾聽的狀態，給臺上演講的同學積極的回饋以及熱情的掌聲。如此一來，在課堂上，很快就能形成一個良性的循環，大家都會選擇互相鼓勵，這樣輪到自己上臺演講的時候，就不會太冷場。

在明白了人際交往中「學會給予」的重要性之後，我們再來看看，除了物質層面的幫助，我們還可以給予對方哪些精神層面的支持。這些精神層面上的支持，有時比物質層面的給予更為重要，可以幫助我們和他人建立更加深厚的友誼。

根據所學知識和以往經驗，我認為可以透過**積極的傾聽**、**真誠的讚美**、**「走心」的安慰**三個方面去給予他人精神層面的支持。

一、積極的傾聽

每個人最寶貴的東西就是時間，當我們願意花費自己的時間傾聽別人吐露心聲的時候，我們就是在送給對方一件最為寶貴的禮物。也許每個人都知道傾聽的重要性，但是真正的傾聽卻是說起來容易做起來難。

在日常生活中，我們不難見到兩個人表面上交談得很熱烈，但實際上沒有任何一方在認真傾聽的場景——兩個人都在聊各自感興趣的話題，當一個人在說話的時候，另外一個人假裝在聽，他或許在想接下來自己該說些什麼。從本質上說，這只不過是在上演一齣兩個人的輪番獨白罷了。

想要做到積極傾聽，我們首先需要完成一種思想上的轉變——對別人抱有一顆好奇心。每個人都是獨特的，他們或許都有我們不知道的故事或者奇特的經歷，同時每個人或許都有一些值得我們學習的地方。我們只要願意抱有一種空杯的心態去了解對方、傾聽對方，就很容易獲得很多全新的收穫。

想要做到積極傾聽，除了完成思想上的轉變，我們還應當學習一點實用的溝通技巧。在日常生活中，我自己經常使用的兩項積極溝通的技巧是「釋意」和「情感反應」。這兩項技術，也是心理諮商師在做諮商時經常使用的傾聽技巧。

所謂「釋意」，是指將對方所表達的意思，經過你的個人理解後再回饋給對方的過程。[53]比如，你的好朋友對你說：「最近我感覺很煩，回到家之後，我老婆一會兒看我這不順眼，一會兒看我那不順眼。」這時你就可以運用「釋意」這項技巧，回覆對方：「你是不是有點被你老婆搞得不知所措了？」你的朋友可能會狠狠地點頭對你

53 江光榮，《心理諮詢的理論與實務》，高等教育出版社，2012：146。

說：「你真是太了解我了。」

所謂「情感反應」，是指重現對方的情緒感受。[54]也許一個人會跟你說很多話，但是在這些話的背後，其實隱藏著很多情緒，如果你能了解對方的這些情緒感受，就很容易走進對方的心裡。比如，你的朋友向你傾訴，他的媽媽一直在催他結婚，他也知道媽媽是為他好，但是他目前還不想結婚。說完之後，他笑了一下。這個時候，你就可以運用「情感反應」的溝通技巧，回覆對方：「雖然你在笑，但是我能感覺到你笑得很苦。」聽你這樣說，你的朋友就能感受到你是在認真傾聽他說話，此刻會因被理解而感動。

二、真誠的讚美

在這個世界上，每個人都在尋找一種存在感。而對一個人存在感的最高肯定，就是找出這個人在乎的優勢，並真誠地讚美他。

我的一位朋友 Lucy，一直以自己的穿衣品味為傲。她總是能準確把握當年流行

54 江光榮，《心理諮詢的理論與實務》，高等教育出版社，2012：146。

服飾的款式、顏色，懂得如何穿搭更好看。當你跟她聊天的時候，只要聊到穿搭這件事，她馬上就會兩眼放光。你若再對她在穿衣方面的鑑賞力進行一番讚美，那麼她一定會跟你興致勃勃地聊好長一段時間。

我仔細想了一下身邊很要好的幾個朋友，發現我們幾個人只要一聚會，就會相互給予真誠的讚美。因為大家相處的時間已經很長了，對各自的優勢都很清楚。對於我們而言，每次聚會就是一次能量加油。

我們幾個人只要一見面，就會聊起最近發生在各自身上的一些事情，而大部分事情都會和各自的優勢密切相關。比如，老朋友M每次都會聊起他最近在學術方面做出的一些最新的探索；老朋友F會說起他在管理工作方面悟出的一些心得體會；而老朋友C則會對未來經濟發展的趨勢進行一番極具洞察力的推測……每個人發言結束，都會得到大家的真心稱讚，在聚會中找到自己特有的存在感。

也許有人會說，發現對方的優勢有點難。其實，我們只要願意靜下心來多去了解和傾聽對方，就很容易發現對方的優勢，因為人們往往會在交談的過程中有意或無意地流露出自己與眾不同的一面。而且對於自己擅長的事情，人們也很容易無意識地多次談起。我們需要做的就是找到對方的優勢，並真誠地稱讚他。

值得一提的是，並不是所有人在受到讚美的時候都可以做到愉快地接納，尤其是那些自尊程度較低的人。由於自尊程度較低的人對自己的評價也較低，所以你的讚美有時候會讓他們感到尷尬或者羞澀。

有一次，在走進教室上課之前，我對一位很年輕的保全說：「你每天早上都站在這裡迎接上課的學生，真的是很敬業啊！」那位保全平時對我都是笑臉相迎，可是這一次，他在聽到我對他的讚美之後，收起了笑臉，沒有做出任何的回應就轉身走開了。所以，我們在準備給出真誠的讚美時，也要做好對方可能完全不接納的心理準備。

三、「走心」的安慰

如果說真誠的讚美是錦上添花的話，那麼「走心」的安慰就是雪中送炭了。你的朋友在心情低落的時候，如果能夠得到你走心的安慰，你們之間的情誼就很容易因此加深。畢竟，錦上添花的人很多，但是雪中送炭的人很少。

在朋友心情低落的時候，我們給予對方及時的安慰並不難，難的是走進對方的內心，給予對方走心的安慰。我們先來看看幾種常見的不走心的安慰：第一，看輕事物的重要性；第二，火上澆油式的評判；第三，自戀式提建議。

比如，當你的朋友向你傾訴：「今天實在太不走運，被上司批評了。」如果你回覆：「這有什麼大不了的，被上司說兩句不是很正常嗎？」這種回覆方式就屬於「看輕事物的重要性」，朋友的感受被嚴重忽略了。如果你回覆：「你啊，就是太直了，總是喜歡和別人硬碰硬，一旦得罪了上司，你今後還怎麼混啊！」這種回覆方式就屬於「火上澆油式的評判」，本來你的朋友受到上司批評已經很難受了，被你這麼一說，心情變得更不好了。如果你回覆：「在這方面我有經驗啊，你好好聽我說說，到底應該如何和上司相處。」這種回覆方式就屬於「自戀式提建議」，你的朋友本來只希望找個人傾訴一下內心的難過，結果傾訴的過程被你打斷，不得不聽你講很多他早已知道的大道理，頓時心裡感覺更難過了。

那麼，這個時候你到底該怎樣去安慰對方，才算走心的安慰呢？第一，試著了解**對方真正的觀點；第二，釐清對方的真實感受；第三，在上述基礎上給予對方積極的回應。**

面對被上司批評這件事情，你的朋友真正的觀點可能是覺得上司不對，不應該批評他；也可能是他覺得自己不對，沒有把事情做好。根據這兩種不同的觀點，他會表現出完全不同的態度：如果覺得是上司不對，他可能會感到氣憤；而如果覺得是自己不對，他可能會感到自責。我們只有了解朋友真正的觀點和感受，才能給予對方恰到好處的安慰，讓說出來的話真正地走進他的心坎。

我們若學會了經營朋友關係的一些方法和技巧，對如何經營好家庭關係便會更加得心應手，因為兩者有很多相通的地方。比如，在經營家庭的過程中，我們也需要學會給予另一半精神層面上的支持，包括積極的傾聽、真誠的讚美和「走心」的安慰。

經營好家庭關係：愛，是一個動詞

前些日子，我和幾位心理諮商師朋友討論了一個話題：心理諮商師在處理家庭關係的時候，是否會從容不迫、遊刃有餘？畢竟心理諮商師接受過專業的訓練，懂得很多溝通技巧，也知道如何運用自己的同理心，可以對自我的情緒做到很好的覺察。而以上這些都是經營好親密關係的重要基礎。

然而，在討論的過程中，我們幾個人很快就冷靜了下來。因為我們馬上就想到身邊的幾位朋友，他們懂得很多心理學的知識，但是家庭關係卻經營得並不理想，有的人婚姻還亮起了紅燈。那麼，問題到底出在了哪裡呢？

也許電影《後會無期》中的一句臺詞已經給出了答案：「知道了很多道理，卻依舊無法過好一生。」關於愛的道理，我們懂得再多，如果不去實踐，到頭來一切就是一場空。

很多人把客氣、禮貌、同理心都留給了上司、同事或者客戶，回到家之後，耐心耗得差不多了，所以乾脆選擇最簡單粗暴的方式與家人進行溝通。我的一位朋友，他對待另一半的態度總是很差，因為他覺得自己在外面打工很辛苦，承受了很大的壓力，所以偶爾發發脾氣也沒什麼大不了的。直到有一天，另一半對他說想要離婚，才讓他認識到了問題的嚴重性。

其實，和經營好朋友關係相比，經營好家庭關係還需要一項重要的修練：把「愛」看作一個動詞。我們需要透過持續且積極的行動，去表達、傳遞自己的愛，把自己溫柔、善良、美好的一面多留給家人一點。當然，這就需要一個人在面對家人的時候更加自律，而這種自律可以持久地滋潤家庭關係。

為了把「愛是一個動詞」這個理念更好地貫徹到經營家庭關係中，我還想和大家分享三點建議。

一、不要盲目付出，要看到伴侶的真實需求

在感情中，盲目付出很容易。但是，盲目付出有時很容易出現吃力不討好的情況。比如，一個男人為了幫老婆分攤一點負擔，回家就做了很多事情，然而老婆心裡想的卻是，你竟然沒有誇我今天新穿的這條裙子有多漂亮。再比如，一個男人買了一個名牌包包給老婆，然後就愉快地坐在沙發上玩手機，想像著老婆肯定會非常開心，但是老婆心裡卻希望丈夫能多花點時間陪她聊聊天，了解她一天的經歷和內心的真實感受。

在兩性關係中，之所以會出現上述種種吃力不討好的情況，就在於付出的一方沒有考慮和顧及對方的真實需求和感受，因為只有能夠有效滿足對方需求的付出，才會得到真正的回報。

那麼，如何才能更好地了解另一半的真正需求是什麼，從而避免盲目付出呢？在這個問題上，《愛的五種語言》一書或許可以給我們一些啟發。在這本書中，作者蓋瑞・查普曼介紹了愛的語言主要有以下五種：肯定的語言、精心的時刻、有意義的禮

物、服務的行動和身體的接觸。[55]我們可以借助這五種愛的語言了解另一半的真實需求。

我們可以拿出一點時間和另一半談談，了解對方最在乎的愛的語言是什麼。有的人就喜歡聽肯定的語言。比如，妻子在辛辛苦苦準備完一桌子菜之後，特別希望聽到丈夫說一句「老婆辛苦了」或者「飯菜做得很香」。有的人就喜歡一些精心的時刻。比如，自己在感到煩惱、想要傾訴的時候，此時如果另一半願意一心一意地傾聽，給予自己及時的關注，心裡就會覺得很暖。有的人就喜歡有意義的禮物。比如，在生日和結婚紀念日收到禮物，就會覺得對方在心裡一直惦記著自己。有的人就喜歡另一半多幫自己分擔一些家務，比如在廚房幫忙，而不是一直坐在沙發上玩手機。有的人就喜歡身體上的接觸，認為牽手、擁抱、親吻等行為才是表達愛的方式。

以上述五種愛的語言為線索，我們可以嘗試了解對方的真實需求，再有針對性地付出，促進兩個人的感情不斷升溫。

55 蓋瑞．查普曼（Gary Chapman），《愛的五種語言》（*The Five Love Languages: How to Express Heartfelt Commitment to Your Mate*），江西人民出版社，2018:12

二、可以有爭吵，但要遵循一定的原則

在兩性關係中，爭吵幾乎是一件不可避免的事情。有的人把爭吵直接定性為一件十分糟糕的事情，認為爭吵是對完美愛情的否定，所以就逃避和壓抑爭吵，讓負面情緒在心中持續發酵和累積。這樣一來，要麼會讓家庭關係變得更加緊張，要麼導致更加猛烈的爭吵。有的人則把爭吵當作家常便飯，很容易因一件小事而發怒，和另一半三天兩頭地爭吵、互相譴責，這樣不僅傷害了對方的感情，如果家裡有孩子，對孩子的心理也會造成很大的傷害。

其實，爭吵並不可怕，可怕的是沒有原則地爭吵。我們如果能夠遵循一定的原則，就可以讓爭吵變得有意義。那麼，在爭吵的時候，我們有哪些原則可以遵循呢？在《心理學與我：領你進入心理學的世界》一書中，作者分享了有關爭吵的十項原則。

每次只為一件事情爭吵，不要總是翻舊帳；不要當「肇事司機」，不要說完傷人的話之後就摔門而去；盡量保持聲音平靜，不要大吼大叫；堅持事實，不要誇大對方的問題，說一些「你總是不考慮我的感受」這樣充滿負面情緒的話；不要陷入譴責之爭，不要把所有問題都歸咎於對方；不要假裝沉默，要說出自己不開心的真正原因，而不是一直讓對方去猜測；當感覺爭吵快要失去控制的時候，進行「計時隔離」，等

到雙方情緒都平靜下來後再進行溝通；尋找雙贏的解決方式，對於最親密的人來說，我們永遠無法透過吵架的方式去戰勝另一方；避免說狠話和互相威脅，「不行我們就離婚」，這種話實在是太傷人了；禁止暴力，這是爭吵中最重要的一條底線。[56]

三、形成一些良好的家庭習慣，並堅持實踐

如同一株盆栽植物需要被精心呵護才會枝繁葉茂一樣，經營家庭關係也需要持續付出努力。我們如果能夠形成一些良好的家庭習慣，並堅持實踐，就有助於形成穩固的家庭支持系統。

我們可以根據自己的具體情況，逐漸摸索和形成一些良好的家庭習慣。比如，很多家庭的女主人，對於做飯這件事情經常感到很有壓力。一下班，她們就急急忙忙地衝進廚房做飯，做完飯之後還要做一些其他家務。

這時，男人可以主動伸出援手，到廚房幫點忙。或者每週固定一天出去吃晚飯，

56 阿普里爾・奧康奈爾（April O'Connell）、文森特・奧康奈爾（Vincent O'Connell）、洛伊斯・孔茨（Lois-Ann Kuntz），《心理學與我：領你進入心理學的世界》（*Choice and Change: The Psychology of Personal Growth and Interpersonal Relationships*），中國人民大學出版社，2011：229-231。

趁機好好聊聊天。這些做法，都可以有效緩解女人身上的壓力，男人也會因此受益。

我有一個習慣，就是關燈之後和妻子聊聊天，回顧一下白天各自單位所發生的一些事情，同時給予妻子一些及時的安慰和理解，讓妻子壓在心底的一些負面情緒得到有效釋放，這樣做也非常有利於睡眠。

我的一位朋友，他有一個習慣：給另一半充分的自主權，家庭的事多由妻子做主。我的這位朋友屬於比較認真的人，很容易因為一些小事和妻子發生爭吵。後來，他覺得這樣吵來吵去太浪費時間和精力了，還會破壞夫妻感情。

於是，朋友就下定決心，今後多聽妻子的，比如週末選擇去哪家餐廳吃飯，孩子要選擇去上哪個培訓班等。這個決定，讓我的朋友瞬間得到了解放，不再頻繁和妻子吵架。同時，妻子由於在家庭當中得到了很多的自主權，在一些大事上，也願意聽取丈夫的建議。這樣一來，朋友的家庭關係一下子變得比之前和睦了很多。

總之，我們只有願意花時間去經營家庭，才能擁有一個溫暖的港灣，讓自己在感到身心疲憊的時候可以有地方停靠並補給能量。一旦一個人的能量可以得到充分地補給，在遇到打擊的時候，就會擁有更強的心理韌性，不會輕易被困難打倒。

思維13 識別人生腳本，走出命運的限定

人生是一場電影，導演是我們自己

國外有一個殺人犯，他在連續殺害兩人之後被警方逮捕歸案。在記者前去採訪時，這個殺人犯進行了一番令人動容的傾訴。

他出生於一個支離破碎的家庭，父親酗酒，經常在喝醉之後暴打母親，父親就靠偷東西養活他們一家人。所以，這個殺人犯在七歲的時候就開始模仿父親的樣子偷盜，一步步淪落為殺人犯。最後，他對記者說了這麼一句話：「出生於這樣一個支離破碎的家庭，我還能成為什麼樣的人呢？」

而這個殺人犯還有一個雙胞胎哥哥。記者在了解這個情況之後，馬上去採訪了他的雙胞胎哥哥。令這位記者感到特別驚訝的是，哥哥的人生和弟弟有著天壤之別。他

的哥哥是當地一位十分有名望的律師，還在市政委員會兼有重要職位，擁有一個幸福美滿的家庭，養育著兩個可愛的孩子。

記者問他的哥哥：「您是如何一步一步發展到今天的？」哥哥講了和殺人犯弟弟幾乎同樣的故事，但他說了和弟弟略有不同的一句話：「出生於這樣一個支離破碎的家庭，如果我不加倍努力去改變，還能去做什麼呢？」[57]

出生於同樣一個家庭，哥哥弟弟的人生發展卻截然不同。面對人生中遇到的挫折、苦難，有的人將其看成命運的不公，自暴自棄，最終迎來一個悲慘的結局；有的人則將其看作上天磨練自己的機會，加倍努力，最終迎來一個美好的結局。

如果把人生看作一部電影，這部電影真正的導演不是命運，而是我們自己。

有一次，我在網路上看到一個熱門的投票：「如果把自己的一生拍成電影，你會把它拍成喜劇還是悲劇？」我也參與了這個話題投票。數據顯示有三萬多人參與了這個投票，其中，有一萬九千人選擇了喜劇，有一萬一千人選擇了悲劇。

三萬人中有一萬多人選擇了悲劇，我覺得這個結果還蠻恐怖的。因為參與投票的

57　博多．舍費爾（Bodo Schäfer），《財務自由之路》（*Der Weg zur finanziellen Freiheit*），現代出版社，2017：17。繁體版為《致富信念：重建理財思維，及早執行靠利息輕鬆生活，加速 FIRE》，高寶。

大部分人是年輕人，他們的人生才剛剛開始，卻懷有這樣悲觀的期待，那麼往後的人生，很可能就會按照這種悲劇的路線去發展。

這絕對不是危言聳聽，因為每個人的大腦裡都有一個人生腳本。這個人生腳本，很大程度上會指引我們一生的發展。

「人生腳本」是心理學領域的一個概念，最初是由加拿大心理學家伯恩提出的，具體涵義為：我們在童年時期所形成的對自己一生的規劃。[58]人生腳本，有時來自意識層面，有時來自潛意識層面，但不管我們是否意識得到，我們大多會不自覺地按照自己所形成的人生腳本去過一生。

我們如果將人生腳本設定成一齣悲劇，就很容易放大人生中的痛苦，忽略人生中那些積極的事件，也很少會採取積極的行動去和命運抗爭，最終真的會將人生活成一齣悲劇。反之，我們如果將人生腳本設定成一齣喜劇，就會對未來始終充滿積極的期待，即使遇到一些困難和挫折，我們也會採用自嘲、變得更加努力等方式，將這些逆

---

58 伯恩（Eric Berne），《人生腳本：說完「你好」，說什麼？》（*What Do You Say After You Say Hello? The Psychology of Human Destiny*），中國輕工業出版社，2016:30。繁體版為《溝通分析心理學經典2【人生腳本】：你打算如何度過一生？徹底改變命運的人際溝通心理學》，小樹文化。

境所帶來的悲傷情緒化解掉，不會輕易地自暴自棄，最終為人生迎來一個美好的結局。

當然，人生腳本不是只有喜劇和悲劇兩種，比如，它還可能是一部勵志劇。這種勵志劇的人生腳本，在周星馳的電影中經常會出現。一個小人物，開始的時候被別人看不起，被生活反覆蹂躪，受盡各式各樣的屈辱，最後經過努力奮鬥，成為一個厲害的大人物。

這種勵志劇情，其實也是周星馳人生的真實寫照。周星馳從小在單親家庭中長大，家境普通。在進入演藝行業之前，他擺過地攤、到五金廠打過工、在酒樓賣過蝦餃、騎自行車賣過報紙。

但即使如此艱難，周星馳也一直心懷著一個「與眾不同」的人生腳本，始終覺得自己能成大事。周星馳從小到大的好朋友梁朝偉曾說過：「那時的周星馳喜歡整天做白日夢，他一直幻想著自己能成為大明星。」

正是這個與眾不同的人生腳本，幫助周星馳熬過了很多艱難的歲月。他在跑龍套、當配角、看不到希望的日子裡，還一直堅持鼓勵自己。他每天堅持早起，對著鏡子為自己加油打氣，想像著自己成為主角的樣子，鬥志滿滿、毫不氣餒。

後來，他的人生真的按照自己的人生腳本去發展了，他成了大明星、當了大導演，還把自己剛入行時遭遇的種種坎坷和挫折拍成了一部電影《喜劇之王》。

我們不妨設想一下，假如周星馳在腦海中設定了一個「悲劇型」的人生腳本，那麼當他遭遇種種坎坷的時候，當他長時間跑龍套的時候，就很難咬牙堅持下來，甚至會自暴自棄。可以說，周星馳在影視界所取得的成功，和他為自己設定的「勵志型」的人生腳本有著密切的關係。

不幸福的人生，可能都是由自己導演的

我曾遇到過很多感覺自己不幸福的人，他們經常被各式各樣的負面情緒環繞。究其原因，就在於他們的人生腳本中包含著「我不配幸福」幾個字。

這種悲觀的人生腳本往往形成於童年時期，人們根據自己的人生經歷以及對這些經歷的悲觀解釋，形成了對人生的悲觀預期，在無意識中為自己的生活設下了種種挑戰或障礙。

比如，一個覺得自己不配幸福的人，即使自己身處幸福之中，也會經常起疑心，

非得找到什麼事情，來檢視配偶對自己是否忠心。或者，這類人經常會為一點小事大動肝火，說很多狠話，來檢視配偶對自己是否足夠包容。剛開始的時候，配偶還能保持耐心，後來時間久了，配偶煩了，說「離婚吧」，於是這類人就得出結論：「從一開始，我就知道，我們的婚姻無法長久，因為我覺得自己不配幸福。」其實，這一切早已蘊含在這類人為自己設定的「我不配幸福」的人生腳本中。

有一段時間，我在反思自己的過程中發現，自己的人生腳本中有「不配幸福」的傾向。在這種人生腳本的推動下，每當我在人生中取得一些小小的成就時，我總是不敢大膽享受，會快速說服自己要保持冷靜、保持憂患意識，因為我擔心只要由著自己開心，就會馬上迎來壞運氣。我能想到的一些人生經歷中值得慶祝的時刻，幾乎都是在愁眉苦臉中度過的。比如，終於在上海安了家，在拿到新房子鑰匙時，我卻愁眉苦臉，擔心每月還房貸的壓力太大；當我歷經千辛萬苦，終於拿到博士學位時，我卻愁眉苦臉，擔心自己是否能夠憑藉這個學位找到一份真正發揮自身優勢的工作。

李白詩云：「人生得意須盡歡，莫使金樽空對月。」我卻總是無法享受人生中的幸福時刻，就因為覺得自己沒有資格享受幸福。當一個目標達成之後，我通常不會留下一點多餘的時間給自己去享受生活，而是快速地設定下一個目標，匆匆忙忙地開始下一段挑戰。

我總是在內心告訴自己，等到完成下一個目標，就可以好好放鬆一下了，但是等到下一個目標真正達成的時候，我又馬上朝著一個嶄新的目標奔去。這種忙忙碌碌奔赴下一個目標的本質，就是覺得自己不配過安逸幸福的生活。

那麼，這種人生腳本是怎樣形成的呢？我覺得這和我的童年經歷以及我對童年經歷偏悲觀的解釋風格有很大的關係。小時候，父母在外地做生意。雖然爺爺奶奶對我也很好，但我還是特別渴望得到父母的關愛。對於那個時候的我來說，父母從外地回家的時刻，就是我最幸福的時刻。不過，這種幸福的時光總是非常短暫，而且後面跟著的就是痛苦和失望，因為父母在家裡住不了太長時間，很快又會去外地做生意。

那個時候，小小的我發現，如果縱容自己沉浸在父母回家的這種幸福感覺中，很快就會讓自己陷入失望。於是，我逐漸形成了一種心理防衛機制，那就是在父母回家的時候，努力壓抑自己的感受，盡量不讓自己變得太高興、太幸福，這樣我就不必面臨父母再次離家時所要承受的那種極大的痛苦。慢慢地，我的這種「不配幸福，也不敢大膽享受幸福」的人生腳本就形成了。

識別問題，是解決問題的第一步。當我識別出自己的人生腳本中包含著「不敢大膽享受幸福」之後，我就會有意識地允許自己去享受一些幸福的時刻。

現在的我，經常會因家庭成員中一個人取得一點小小的成就而設立一個專門的慶祝時刻。例如，兒子第一天上小學，我們會特別慶祝一下。我們夫妻二人在工作上取得了一些進展，也會進行特別的慶祝。就這樣，我逐漸走出了原先人生腳本對我的一些消極限定。

反之，我們如果無法識別和覺知自己的人生腳本，就很容易按照人生腳本當初所設定的那樣，無意識地往前走。如此一來，人生腳本就可能會發展成為我們的命運。如果人生腳本所設定的是一齣悲劇，那麼悲劇就可能會不停地上演。

我們想要擺脫某種命運的桎梏，就需要去識別和覺知自己的人生腳本，然後對不合理的人生腳本進行優化，才有機會朝著更加幸福的生活邁進。

識別自己的人生腳本，並做出積極的改變

我結合自身經歷，和大家分享一下識別自己人生腳本的三個方法。

方法一：反思自己喜歡跟別人反覆訴說的某一類事情

假如你喜歡向別人講述某一類事情，那麼這類事情可能對你來說具有非同尋常的意義。在反思的過程中，你可以認真回顧這類事情的發生、發展和結局，嘗試發現隱藏在這一類事情背後是一種什麼樣的人生腳本。

有一段時間，我特別喜歡向別人炫耀自己刻苦學習英語的經歷。比如，讀大學的時候，我是怎樣堅持每天早上去操場透過大聲朗讀英語來訓練發音的；再比如，我會跟別人反覆強調自己為了找外教練習英語口語多麼不容易——我會堅持不懈地去參加活動，然後不斷地鼓起勇氣，厚著臉皮和學校當時唯一的外教進行口語交流。

有一次在參加某國際會議期間，一位外籍專家覺得我的外語不錯，詢問我是否有海外留學的經歷。當時的我還未曾踏出過國門，所以感到外籍專家這樣詢問是對我外語水準的肯定。於是一興奮，我就把自己這些年來刻苦學習英文的經歷一股腦地說了出來。我原本期待外籍專家誇我刻苦用功，沒想到他沒有被我煽情的描述打動，而是直擊問題的本質，問了我一個問題：「是不是一定要這麼刻苦，才能學好英語呢？」然後他接著對我說道：「如果找不到外國人陪你練英語，你完全可以透過VOA（美國之音）和BBC（英國廣播公司）這些英語廣播電臺學好英語，上面有很豐富的英語學習資源。你借助這些資源進行複述和背誦，同樣可以提升英語水準，不必每次總是委屈自己，厚著臉皮去找外國人對話。想想看，如果對方對你所談的話題不感興趣，你們很難進行較為深入的交流，你也無法真正有效地練習英語口語。」

那次和外籍專家交流結束後，我非常受觸動。我忽然意識到，在自己的人生腳本中，有一種很深的勵志情結。我在達成某一個目標的過程中，會無意識地把事情搞得複雜一些、費力一些，使整個事情充滿波折感，這樣在達成最終目標的時候才會顯得我足夠努力。

方法二：透過對照自己感興趣的電影劇本，覺察自己的人生腳本

我們也可以透過對照自己感興趣的影片類型，揣摩自己的人生腳本。因為我們所喜歡的電影劇本類型，也可能是我們人生腳本的一個投射。

一直以來，我都對勵志片特別感興趣。我喜歡看的電影幾乎都是勵志片，如《阿甘正傳》（Forrest Gump）或《當幸福來敲門》（The Pursuit of Happyness）等。這些勵志片幾乎都有一個共同的發展線索：一個小人物，透過自己堅韌不拔的努力，克服了重重困難，最終取得了一定的成就。這也是我的人生腳本中會反覆出現的一個主題。

比如，我的求學歷程好像就比一般人走得更加艱辛。當年考碩士的時候，我因為發揮不佳，未能考入理想的學校，所以不得不四處聯絡學校。經過我的不斷努力，我才有機會繼續攻讀研究所。後來，我報考博士的過程更是一波三折。連續考了幾年都未能如願，靠著自己不斷為自己加油打氣，終於拿到了博士班的錄取通知書，又經過不斷努力，才拿到博士學位。

當我跟別人說起上述經歷的時候，我的內心往往充滿了一股自豪感，因為自己為了達到心中的目標，無論多難，一直都沒有放棄。但是當我從人生腳本的視角審視自己的求學經歷時，我忽然有了一個新的覺知：這些看似波折的經歷，是不是我在無意識中自導自演的一齣戲？也許我根本不需要經歷這麼多波折就可以達成目標，但是因為勵志腳本的存在，才導致我達成學業目標的過程顯得如此艱辛。

方法三：問問自己「如果用一句話來概括你的人生，你會為自己的一生下一個怎樣的結論？」

當站在一個更高的位置來思考人生的時候，我們或許更容易發現自己的人生腳本。想像一下，我們在即將離開這個世界的時候，如果用一句話來概括自己的人生，你會為自己的一生下一個怎樣的結論？這個結論中也許就蘊含著你的人生腳本。

關於這個問題，我的答案是：「我是一個很努力的人，也是一個幫助很多人變得更加幸福的人。」

在這個答案中，既有助人的成分，又有勵志的成分。我發現，自己是一個把努力看得特別重要的人。這種對努力的重視，是我的人生腳本中一個十分重要的主題。

有一年年底，我在微信訂閱號上發了一篇年終總結〈我是一匹劣等的馬，所以我更加相信奮鬥的意義〉。寫完之後，我很得意，因為我覺得這篇文章充分展現了我這一年來的艱苦奮鬥和努力。但是我的一位諮商師朋友對我說：「你為什麼會把自己定位成一匹劣等馬？我覺得你是一匹優等馬啊。」

聽完朋友的話，我認真思索了一番。在潛意識中，也許我覺得只有把自己定位成一匹劣等馬，才能凸顯出努力的價值和意義。畢竟，「努力」是我人生腳本中最為重要的元素啊！如果我把自己定義為一匹優等馬，就不需要那麼努力了，這就無法符合自己在無意識中為自己設定的人生腳本了。

想到這裡，我對自己的人生腳本有了一個更加深度的覺知。我意識到，自己有時候不必根據人生腳本的需要把自己搞得那麼痛苦和疲憊。人生有很多目標，只要選對方向，懂得借助資源，不必很費力就可以達成。

讀到這裡，你可以稍微思考一下：「我的人生腳本是怎樣的呢？它是一場喜劇、悲劇、勵志劇，還是其他某種劇情？」也許有的人會說：「我的人生腳本是平凡的一生。」而有的人可能會說：「我的人生腳本是貧窮的一生。」當然，還有的人可能會說：「我的人生腳本是勵志的一生。」

拿著自己的人生腳本，一個人就會演繹出符合自己期待的一生。你如果對這樣度過一生不甘心，就要努力改變自己的人生腳本。這個過程，離不開對自我的不斷反思，以及認知的不斷升級。

也許你會問：「這種自我暗示有用嗎？人生腳本真的可以改變嗎？」是的，人生腳本可以改變，但是需要一點時間。因為我們的人生腳本不是一兩天形成的，也不可能在一兩天內發生改變。但是，我們只要不斷地去審視自己的人生腳本，不斷地升級自己的認知，就會讓它一點點發生改變。

思維14　別怕繁重工作，打開更大的人生格局

最好的修練，發生在最現實的生活中

一位都市白領 Cindy，每天都被工作搞得身心俱疲，感到職業倦怠。Cindy 想要做出改變，於是請了兩週的病假，跑到一個山清水秀的地方，參加了一個正念培訓班。

她想透過參加這個培訓班，重新建立與自我的連結，徹底放鬆自己的心靈，找回內心的平靜。

開始的兩天，一切都進行得很順利。她在知名導師的指引下，坐在一個寬敞的房間內練習正念。她感覺自己的心變得越來越透明，心情變得越來越放鬆。Cindy 覺得來對了地方，認為自己不虛此行。

然而，從第三天開始，發生了一件讓 Cindy 心煩意亂的事情。坐在 Cindy 身旁的一

位培訓班學員，上課總是遲到，每當她剛剛進入正念的狀態，這位遲到者就會打破寧靜的氣氛，一邊對周圍人小聲說著「不好意思」，一邊製造著各式各樣的雜訊。

每當這時，Cindy 特別想發怒，但又礙於面子不得不把這股怒氣壓下去。可是，被壓住的怒氣不會自行消失，一直持續擾動 Cindy 的內心。Cindy 實在忍無可忍，就去找培訓班導師，把肚子裡的憤怒和委屈一股腦地倒了出來。培訓班的導師聽完 Cindy 的訴說，微笑著對她說：「告訴你一個祕密，這個遲到的人，是我們故意安排的。」

聽完導師的話，Cindy 感覺有些驚愕。培訓班的導師繼續解釋道：「我們在培訓班課程中所練習的正念，大多是在一種理想狀態下進行的——大部分人都會遵守約定，保持安靜，全神貫注地按照導師的指令進行，但是在現實生活中，我們很難找到這樣理想的環境去練習，總會遇到各式各樣的干擾，而如何在有各式各樣干擾的情形下，依然能夠找到心靈的平靜，才是我們真正需要去修練的課題。所以，我們安排了一個故意遲到者，以求磨練大家的心性。」

聽完導師的話，Cindy 恍然大悟。在接下來的時間裡，當「遲到者」進入培訓場地的時候，Cindy 變得不再抱怨，轉而採用一種積極的心態面對這件事情。「我要感謝老師刻意安排的這位『遲到者』，是他為我提供了一次在現實生活中修練自己的機會。

我要看看自己在有干擾的情況下，在多長時間內可以盡快地找到心靈的平靜。」Cindy默默地對自己說道。

在這次培訓班結束後，Cindy 感覺自己收穫最大的地方，不是學會了一些正念的方法和技巧，而是練就了在現實生活中修練自己的心態。回到工作中，她減少了對周圍人和事的抱怨，把這些現實生活中的種種挑戰看作修練自己、完善自己的絕佳機會。這一轉念，打開了 Cindy 的人生格局，讓她的生活態度和人生狀態煥然一新。

可見，最適合修練自己心態的場所不是深山老林，而是現實生活的各種困局。我們如果能把現實生活的各種困局當作修練自我的絕佳機會，就不會輕易被一時的困難遮住眼，坐在原地唉聲嘆氣，而會擁有更大的人生格局，能夠鼓起戰勝困難的勇氣。

把繁重的工作看作修練的機遇

一直以來，我都特別喜歡心理諮商師黛比・福特在《接納不完美的自己》一書中所說過的一段意味深長的話：「不要一味質問上天：『為什麼讓這樣的事情發生在我身上？』而是要告訴你自己：『我之所以會有這樣的經歷，是因為我需要從中得到體驗和收穫。這是我人生之旅的一部分。』」[59]

這段話讓我在面對困難、挫折、壓力以及繁重工作的時候，不再像以前那樣容易沮喪、抱怨、拖延，而是能夠為這些看似痛苦的事情賦予一種不同的意義，從而在精神狀態上變得比之前更加積極。

現在，我已經出版了幾本心理學方面的讀物。在這幾本書中，我個人最喜歡的一本就是《高效努力：找準奮鬥的正確方式》[60]，因為這本書就是我在現實生活的困局中修練出來的一個作品。

寫這本書的過程，是我迄今為止壓力最大的一段時光。當時的我，一邊讀博士一邊工作，一邊還在堅持更新訂閱號文章，同時兼任某網路平臺心理專欄的審稿工作。那時的我，每天都覺得時間不夠用，恨不得把一分鐘時間掰成兩半使用。

每天我都會對每一分鐘的時間精打細算，並且幾乎取消了所有的社交和娛樂活

---

59 黛比．福特（Debbie Ford），《接納不完美的自己》（*The Dark Side of the Light Chasers: Reclaiming Your Power, Creativity, Brilliance, and Dreams*），吉林文史出版社，2009:144。繁體版為《與其做一個好人，不如做一個完整的人：擁抱你所有的黑暗面，成為完整的自己，自由過你想要過的人生》，遠流。

60 繁體版為《高效努力：建構出線思維，打造能一直贏的心理資本》，采實。

動，只為多抽出一點時間去做那些我認為最重要的事情。那時的我，會隨身帶著筆記型電腦，只要地鐵上有座位，我就馬上坐下來打開筆記型電腦寫論文；如果地鐵上沒有座位，我就馬上掏出手機，在上面寫訂閱號文章或者審閱專欄的稿子。

在身心俱疲的那段日子裡，我感覺自己過得太苦了，經常有想撒手不幹的消極心態。但是，我的腦海中後來湧出一個念頭，最終支撐著我熬過了那段艱難的時光。

這個念頭是，我要把這些繁重的工作看作修練自己的絕佳機遇。我如果能把這麼艱難的時光都熬過去，今後就沒有事情可以難倒我。人的潛力是無限的，我要利用這個難得的機會，好好挖掘自己在時間管理方面的潛力，並且要總結出一套時間管理的方法論向別人分享。

在那段時間裡，我盡可能地閱讀了不少時間管理、精力管理、個人管理等方面的書，並且不斷地對自己所面臨的難題進行梳理，總結出一套高效努力的方法，最終寫出了一本有關「如何高效努力」的書。

比出版這本書更重要的是，因為熬過了那段壓力無比巨大的時光，我養成了一套高效工作和學習的習慣。當面臨突如其來的工作任務時，我知道如何做才能有效分解任務、借助資源，從而有條不紊地完成任務；當感覺自己精力不足、狀態不佳時，我也知道如何做才能快速恢復精力，從而讓自己長時間保持高效率的工作狀態。

寫這篇文章的時候，我問一位朋友：「透過繁重的工作，你都訓練了自己的哪些能力？」我的朋友是一名小學教師，還擔任學校的中層管理者。當我問她這個問題的時候，小學剛剛開學，她的工作非常繁忙。她回覆我，繁忙的學校工作，讓她慢慢地變得比以前更有邊界感了。

她屬於那種爛好人的類型，總是不好意思拒絕別人。但是當工作壓力日益增大後，她學會了鼓起勇氣去捍衛自己的邊界，選擇把寶貴的時間和精力都優先放在自己職責範圍內那些重要的事情上面，而不是對所有人的所有要求都來者不拒。對她來說，這是一個了不起的進步。

我的一位學妹，畢業之後也進了小學做老師。有一次，她告訴我，她現在是一名班主任。我就問她：「做班主任是不是壓力很大？」她笑著回覆我：「是的，壓力很大，也很累，但是做班主任很鍛鍊人，能讓我學到很多東西。」

她又繼續對我說，由於做了班主任的工作，她需要額外花很多時間去和學生溝通、去和家長溝通、去和學校各部門溝通。在和各式各樣的人群溝通的過程中，她覺得自己與人打交道的技能得到了很大的提升，她以前不善言談，在短時間內就被鍛鍊成為一個「能說會道」的人。在兩三年時間內，她從「害怕和那些強勢的家長、調皮的孩子打交道」，變成了現在「可以冷靜地面對各種突發情況，沉著地應對各種不同類型的家長和孩子」的狀態。

這位學妹的話，讓我想起了教育界一位著名的班主任老師魏書生曾經說過的一段話：「人的能力強是工作多逼出來的，鐵肩膀是擔子重壓出來的。有的年輕人推卸掉上司讓他擔任的班主任的擔子，自以為是占了便宜，實質是把機會、把能力推出去了，把自己變得無能力。另一部分年輕人搶挑重擔，搶著當班主任，搶著當比較亂的班級的班主任，他便搶到了一個增長能力、鍛鍊自己、顯示自己才幹的舞臺。」[61]

借助工作修練自己，我們將會擁有雙倍收益

我們如果僅僅把自己定義為一名打工仔，然後把工作僅僅定義為替老闆打工，那

61 魏書生，《班主任工作漫談》，灕江出版社，2002：18。

麼一旦工作量增加，或者某個月薪水發得少了一點，我們就很容易抱怨個不停。

我們如果能夠把工作看作提升自身能力的機會或者修練自己的機會，那麼我們的格局就會被打開，不會輕易地因為一點薪水的增加或者減少而使心情受到影響。

我們需要在心裡默默告訴自己，我不僅是在為老闆打工，也是在為自己打工，我的能力增強了，那麼我的薪水遲早也會因此增加。我們如果能完成這一心態上的轉變，就會從一份工作中擁有雙倍收益。

為什麼說會擁有雙倍收益呢？我們的第一筆收益，就是我們透過工作所獲得的薪水；我們的第二筆收益，就是我們自身能力的增長。其實，第二筆收益比第一筆收益更加重要。因為我們的工作能力是我們的安身立命之本，也是我們真正的鐵飯碗，無論我們走到哪裡，只要我們有能力，就能確保自己會有一碗飯吃。

比如，在我工作的第二個年頭，利用晚上時間，我就根據自己的興趣開設了一門選修課：幸福心理學與生活。這門課的鐘點費並不多，因此有人會覺得不值得去上。尤其是在工作了一天之後，大多數人會選擇早點回家或者出去放鬆一下，這也是可以理解的。

但是，當時我對開設這門課充滿了熱情，甚至把它當作一份個人的事業在做。

因為那時我就明白了一個道理，掌握一門知識的最好方法就是嘗試把這門知識教給別人。我在要去教一門知識的時候，本著對學生負責的態度，會逼自己認真地去鑽研這門知識。同時，在我教授這門知識的過程中，學生也會給予我很多回饋，從而使我所掌握的這門知識得到不斷的完善和優化，這是一個教學相長的過程。總之，透過開設這門課，我不僅對積極心理學的知識有了更加深入的了解和研究，在授課技巧和上課狀態等方面也得到了很好的提升。

後來，我所講的這門課成為學校最熱門的選修課，還受到了報紙和雜誌的報導。我也因此接到了不少學校的邀請，去向不同的人上幸福課。這一切，都是從我懷揣著「要把這門課當作自己的事業去做」的心態開始逐漸發生的。

我還抱著同樣的心態，在學校心理諮商中心做心理諮商師。雖然在校內做心理諮商是沒有直接收入的，但是我覺得這個機會很寶貴。一方面，學校可以提供大量的個案機會供我去實踐自己所學的知識，讓我不斷地累積諮商經驗。另一方面，學校還會安排定期的督導，對我在諮商過程中所遇到的問題進行相應的指導，從而促進自己不斷成長。因此，我不想輕易地放棄鍛鍊自己的這個機會。

只要心理諮商中心打電話過來詢問我是否有時間做諮商的時候，即使手頭有很多事情，我也會盡量擠出時間去接諮商工作，因為我覺得這是促進個人心理諮商能力提升的一個重要機會，我不能錯過。

要知道，市場上對一名心理諮商師定價的幾個重要的指標分別為：是否有系統的受訓經歷和專業背景、是否有長時間的心理諮商小時數以及長時間的個案被督導小時數的累積。在學校做心理諮商，隨著個案小時數的不斷累積，在幫助學生答疑解惑的同時，作為心理諮商師本身的能力和身價也得到了同步的提升。這麼好的成長機會，我怎麼能錯過呢？

總之，我們一定不要僅僅因為金錢的多少而選擇是否要用心工作。我們用心工作的一個重要理由是為了促進自己的成長，尤其是在年輕的時候，個人的成長比賺一些快錢重要多了。

要麼全心全意投入現在的工作中，要麼盡快做出改變

面對繁重的工作，最忌諱的就是一邊不停地抱怨，一邊卻無法做出任何的改變。

一個人在陷入這種狀態當中的時候，很容易渾身上下都充滿負能量，不斷地進行著精神上的內耗。我們想要擺脫這種精神上的內耗狀態，就必須釐清自己解決這個問題的思路，要麼全心全意投入現在的工作中，要麼盡快做出改變。

根據多年的職場經驗，我覺得努力實踐以下三點特別重要：減少抱怨、提升自己、咬牙堅持。

一、減少抱怨

很多人工作一多，壓力一大，就抱怨連天。經常抱怨的人，很容易產生一種「幻覺」，認為別人的工作都很輕鬆，只有自己最命苦，自己的工作壓力最大。而實際情況是，每個人的工作都有艱辛的一面，只不過有的人能夠努力做到微笑面對罷了。

那麼，如何做才能微笑面對當下這份壓力巨大的工作呢？尼采曾經說過的一句話，或許能夠帶給我們一些啟發，「如果我們知道自己為了什麼而活，那麼什麼樣的苦難都能夠忍受」。同樣的道理，我們如果能看到這份壓力巨大的工作在促進個人成長方面的積極意義，就不會那麼容易去抱怨這份工作。

在轉成一名大學專任教師之前，我曾長時間從事著一份行政工作，而且一做就是十年。當時在做這份工作的時候，我經歷了很多個難熬的時刻，工作中經常會遇到各式各樣的突發情況需要處理，每天提心吊膽，休息時間也很難得到保證，工作壓力特別大。當時的我就安慰自己，既然暫時沒有更好的選擇，那就努力把這份工作的價值發揮到最大化，借此機會鍛鍊自己做事的耐心以及心理抗壓能力。

我原本是一個性子有點急、心理抗壓能力有點差的人，正是借著這份工作的磨練，我慢慢變得比以前更有耐心了，因為工作中的很多事情都涉及與別人的溝通和協調、各種資源的調配，這些都是無法急於求成的事。在這個過程中，我的耐心就慢慢地被磨出來了。

那時，我經常聽到的一句話就是「時間緊、任務重」，這也從側面反映出這份工作所要承受的壓力是不小的。比如，我經常加班，或者會在半夜接到學生打來的電話，有一些突發情況需要馬上趕到現場去處理等。在這個過程中，我的心理抗壓能力也得到了鍛鍊和加強。

二、提升自己

我的一位朋友是一個汽車迷，一直渴望擁有一輛屬於自己的跑車，但是以他目前在體制內工作的年薪，根本買不起他夢想中的汽車。他每次跟我談起夢想中的汽車，開始的時候總是兩眼放光，緊接著就是一聲嘆息，「唉，太貴了，也不知道自己何時才能買得起」。

人的很多痛苦，往往就是因能力和預期目標有落差造成的。一個人如果能力太差，但是又有很多預期目標，就很容易感到痛苦。我們想要擺脫這種痛苦，說來也非常簡單，要麼降低預期目標，要麼提升個人能力。

很多人對自己目前所從事的工作有一肚子的怨氣，這些怨氣往往也是由於預期目標和能力有落差造成的。解決這個問題的思路也有兩個，要麼承認自己的不足，心甘情願地接納自己目前所從事的工作；要麼抓緊一切時間和機會去提升自己的能力，爭取早日換得一份自己更喜歡的工作或者轉到自己更喜歡的職位上。

對於一個剛剛進入職場的年輕人來說，要他接受自己目前工作的現狀，也許他不會甘心，那麼這個時候就只剩下一個選擇：拚命提升自己的能力，去改變現狀。

我就是從這個階段過來的。在剛剛工作的那幾年裡，每當我感覺累的時候，每當我忍不住想要抱怨的時候，我都會提醒自己，此時唯一值得做的事就是把自己對現實的不滿轉化為提升個人能力的動力。

越是又忙又累的時候，我就越會強迫自己多看書、多學習，因為我知道只有這樣做，才有機會改變現狀。在這種理念的支配下，在我最忙最累的那幾年，我先後出版了幾本書，並且拿到了博士學位，最終有資格從行政工作轉到了自己所喜歡的教師工作。

三、咬牙堅持

很多人只要一感覺自己工作壓力大，就容易產生換一份工作的衝動。這時，一個新的工作機會往往就會顯得特別有吸引力。於是，有人就會飢不擇食，不經過認真思考和調查，匆忙換一份工作，企圖逃避上一份工作的壓力。

從本質上來說，這種做法不是在解決問題，而是在逃避問題。問題不會因為你的逃避而自行消失，反而會以「新瓶裝舊酒」的方式重新出現。採用逃避問題的思維方式換工作的人，一旦換到新的工作，就很容易產生一種「從一個火坑跳到另外一個火坑中」的感覺，馬上又會因為遇到的新問題感到心煩意亂。

我們在工作中感受到巨大壓力的時候，要遏制住自己想要逃避問題的衝動，然後為自己加油，告訴自己要「咬牙堅持」一段時間再說。這個時候，也許有人會詢問：

「那到底什麼時候該咬牙堅持，什麼時候該選擇放棄呢？如果遇到的是一份沒有前途的工作，選擇咬牙堅持豈不是在錯誤的道路上走得更遠了嗎？」

是否繼續選擇咬牙堅持，我覺得一個重要的判斷標準就是，自己是否還能從目前所從事的工作中學到新的東西、磨練出新的技能。你如果發現自己還有進步的空間，就請繼續咬牙堅持；如果自己已經足夠努力，卻感覺很難學到新的東西了，就請盡快做出轉變吧。

思維15 樂於幫助別人，幸福一生的祕訣

你如果想幸福一輩子，就去幫助別人

有一位名字叫莫里（Morrie Schwartz）的社會心理學教授，他在七十多歲的時候，得了一種不治之症：盧．賈里格症（肌萎縮性脊髓側索硬化症，又稱漸凍人症）。這是一種凶險無情的神經系統疾病。當時醫生說，莫里教授或許還能活兩年的時間。

由於患病，他的肌肉開始萎縮，行走能力也開始變得不靈活了。他的一名學生，記者米奇．阿爾博姆（Mitch Albom）得知消息後，趕來探望這位即將離世的老師。莫里教授隨後宣布，想要為這名學生上最後一門課（其實就是病床前的談話）。這門課每週二上一次，主要內容是探尋生活的意義。這門課總共講授了十四週，最後一堂課，就是葬禮。

在莫里教授去世後，他的學生把這門課的內容集結成一本書，取名為《相約星期二》。這本書出版上市後在全美引起了轟動，連續四十四週名列美國暢銷書排行榜。我在拿到這本書的時候，最讓我感到不解的是這樣一個問題：在生命最後的這段寶貴時光裡，莫里教授生活都不能自理了，為什麼還想著要去為別人上課，還想著去幫助別人，還想著去給學生一些思想上的啟發？

後來，莫里教授在書中所說的一段話解開了我的疑惑：「我當然在受罪。但給予他人能使我感到自己還活著。汽車和房子不能給我這種感覺，鏡子裡照出的模樣也不能給我這種感覺。只有當我奉獻出了時間，當我使那些悲傷的人重又露出笑顏，我才感到我仍像以前一樣的健康。」[62]

莫里教授所說的這一段話非常打動我。作為一名教師，我個人也有類似的體會——幫助別人不是一種單純的奉獻或犧牲，對於付出者來說，更是一種精神上的巨大收穫。而且，這種精神上的收穫感，會給人一種欲罷不能的感覺。

對於我來說，最幸福的事情就是為學生上課。因為在為學生上課的過程中，我能

62 阿爾博姆，《相約星期二》（*Tuesdays with Morrie*），上海譯文出版社，2007:131。繁體版為《最後14堂星期二的課》，大塊文化。

體會到幫助別人成長的樂趣。在課堂上，每當我看到聽課的學生露出會心的一笑，或者爭先恐後地回答問題，或者認真地記錄課堂上所學到的知識時，我的內心都會有一種特別充實和幸福的感覺。我經常會在心裡暗暗地想，即使我退休了，學校不發薪給我了，我最想做的一件事還是為學生上課。只要有學生還願意聽，他們還能從課堂上學到東西，我就願意去講。

在《你可以幸福》一書中，我曾讀到過這樣一段諺語，覺得很有道理：「如果你想幸福一小時，打個盹；如果你想幸福一天，去釣魚；如果你想幸福一個月，去結婚；如果你想幸福一年，繼承一筆財產；如果你想幸福一生，去幫助別人。」[63]你沒看錯，幫助別人才是讓人幸福一生的祕訣。

心理學的相關研究也證實了幫助別人對於提升自身幸福感的益處。一項針對志工的調查研究發現，志工行為能夠減輕志工的憂鬱症狀，提升志工的幸福感和自我價值感，並且能夠增強志工的自制力。[64]

---

63 威爾．鮑溫（Will Bowen），《你可以幸福》（*Happy This Year--A Simple Way to Get Happy and Stay Happy Once and for All*），湖南文藝出版社，2013：99。繁體版為《祝你今年快樂》，時報出版。

64 索尼婭．柳博米爾斯基，《幸福有方法》，中信出版社，2014：109。

很多人往往把「幫助別人」僅僅看作一項道德要求，過分強調「幫助別人」對於受惠者的益處，而忽略了「幫助別人」為施惠者本身帶來的巨大好處。

在《幸福有方法》一書中，知名的積極心理學家索尼婭・柳博米爾斯基透過相關研究發現了「幫助別人之所以會讓自己感到特別幸福的原因」[65]，這些原因可以被簡單概括為以下三項：

一、幫助別人會讓一個人轉移自己的注意力，同時對自己已經擁有的東西心懷感恩

有的人總是喜歡獨來獨往，不想和任何人發生交集，雖說這樣省去了很多人際交往的麻煩，但是也失去了人際交往的快樂，還導致他把更多的注意力放在關注自己的痛苦上，不能自拔。

在幫助別人的過程中，我們便有機會從自己的痛苦中暫時走出來，發現在這個世界上，並不只有自己過得很辛苦，大家都過得不容易，自己只不過是人類中的普通一員而已。一個人如果能有這樣的認識，就不會長時間沉浸在自己的世界中顧影自憐。

65 索尼婭・柳博米爾斯基，《幸福有方法》，中信出版社，2014：108-109。

我的一個學生，家境並不富裕。進入大學之後她過得也不如意，因為她經常受身邊同學的排擠，感覺自己活得很痛苦。後來，她選擇休學一年，去西部支教[66]。在做志工的過程中，她的心態逐漸變得越來越好。一方面，她透過幫助他人的方式轉移了自己的注意力；另一方面，她在幫助別人的過程中意識到自己雖然家境一般，但是遠比西部的這些孩子生活優渥。她支教結束回到學校之後，變得比以前樂觀豁達了很多，精神狀態也變得特別好。

二、幫助別人是一種自我力量的展現，同時會提升一個人的自信和自我價值感

假如一個男生幫一個女生解決了一個複雜的電腦問題，對於這個男生來說，他會抱怨太累太辛苦嗎？當然不會。他會覺得這是一件非常有成就感的事情，並且還會因為獲得了女同學崇拜的眼神而得意好長一段時間。

假如一個年輕人在下班之後去擠地鐵，沒有搶到座位，滿臉疲憊。這個時候，一位身體硬朗的老爺爺站起來對這個年輕人說：「小夥子，過來坐我的座位吧，你們年

66 支援落後地區鄉鎮中小學校教育和教學管理工作。

輕人工作一天也很不容易。」此時，這個年輕人會歡欣鼓舞地去坐這個座位嗎？

我想這個年輕人會覺得很不好意思，不僅不會去坐，甚至會覺得非常尷尬。也許他會在心裡想著：「自己再累，也是個年輕人。被一位老爺爺讓座，說明我身子骨太柔弱了，看來今後得加強身體鍛鍊才行。」

總之，幫助別人的過程，是一個彰顯自我力量的過程。因為一個有力量的人，更有能力去幫助別人。一個人如果在任何事情上都無法向別人伸出援手，總是想要獲取別人的幫助，那麼這便是缺少力量感的一種表現，也很容易喪失自我的價值感。

三、幫助別人會帶來一系列的積極連鎖反應，你幫助過的人，也會找機會回報你

社會心理學領域有一個法則叫作「互惠原理」，指的是當別人給了我們一些好處後，我們的內心就會產生一種虧欠感，忍不住找機會去回報這種好意。[67]比如，有的人抱怨自己發的文總是沒有人按讚，其實只要經常為別人按讚，你就會發現，自己的發文也會有很多人按讚。

67　羅伯特．西奧迪尼（Robert B. Cialdini），《影響力》（*Influence:The Psychology Of Persuasion*），萬卷出版公司，2010:25。繁體版為《影響力：讓人乖乖聽話的說服術》，久石文化。

總之，幫助別人會帶來一系列的積極連鎖反應。比如，在上海定居後，原本我們家和對門鄰居很少有交流。有一天，他們從鄉下帶來了很多新鮮蔬菜，送給我們一些。從此以後，我們兩家就有了連結。我們家做了麵包後也會送給鄰居一些。有時候，鄰居太忙不方便接孩子放學，我就幫忙去接。由於兩家孩子的年齡差不多，所以小孩子過生日的時候也會互送禮物，有時候也會一起玩耍。一來二去，我們兩家的關係越來越緊密，生活也因此多出了很多樂趣。

幫助別人，可以讓我們的人生變得更有意義

我看過一部電影：一個美國小鎮青年，名字叫喬治．貝里，他是一個聰明善良、凡事總是為別人著想的人。喬治從小就有一個「到外面的世界好好闖蕩一番」的夢想，但是這個夢想因為他父親的突然去世戛然而止。他放棄了環遊世界的夢想，選擇留在小鎮上，接手父親留下的福利事業。他父親在小鎮上經營著一家建築貸款公司，專門幫助那些家境貧窮的人透過貸款擁有一幢屬於自己的房子。

而喬治・貝里每週只拿四十五美元的微薄薪水。雖然他非常幸運地遇到了意中人，和心愛的女人結了婚，而且他的妻子深愛著他、理解著他、支持著他，但是他不得不面對家庭經濟情況的窘迫，他沒有辦法讓心愛的女人過富裕的生活，甚至連度蜜月的錢他都省下來做其他事情了。

喬治眼看著自己的弟弟到外地念了大學、獲得了更好的發展，眼看著自己的朋友也飛黃騰達、在事業上取得了成就，而他自己好像還一直在原地打轉。想起兒時的夢想，喬治・貝里不禁感到黯然神傷。但是，他依然選擇繼續樂觀地生活下去，只為了讓小鎮的人們擁有更好的生活。

這樣一個樂觀善良的人，沒想到在接下來的生活中遇到了更大的打擊。他的叔叔，也是和他一起經營公司的合夥人，在去銀行辦理業務的時候，不小心把八千美元的周轉資金遺失了。這件事對於喬治來說，幾乎是一個毀滅性的打擊。因為隨著銀行查帳人員的介入，喬治面臨著公司破產，以及自己將要去坐牢的風險。

喬治感到命運對自己實在不公，甚至有了輕生的念頭，覺得自己如果沒來到這個世界上就好了。此時，一件神奇的事情發生了（影片做了一個藝術化的處理），喬治真的有機會以旁觀者的姿態看到了假如自己沒來到這個世界上的生活場景。

他看到小鎮裡的公司都被一個目露凶光、名字叫作波姆先生的人所控制，貧窮的人都被波姆壓榨，過著十分潦倒的生活；他看到自己的弟弟掉入水中因無人施救而早早去世，他的母親因此痛苦一生；他的妻子瑪麗因為沒有遇到他而選擇一生單身，也沒有領養孩子。這一切，讓他看清楚了自己活著的意義。

一個有他的世界，和另外一個沒有他的世界相比，多出了更多美好的事情。而這些美好的事情之所以會發生，就在於他每次都能挺身而出，用盡全力去幫助別人。

故事的結尾充滿了溫情：得知喬治所經營的公司丟失了八千美元而遇到的資金困難之後，那些曾經接受過喬治幫助的人，紛紛冒著大雪來到喬治的家裡，拿出自己的積蓄，幫助喬治度過難關。一美元、二美元……堆在喬治家桌子上的錢越來越多，喬治所遇到的難題就這樣迎刃而解了。最後，大家圍在一起動情地歌唱，每個人臉上都露出了歡愉的笑容。整個場面溫馨浪漫，感人至深。

這部美國電影叫《生活多美好》（It's a Wonderful Life），為我們深刻地思考人生意義提供了一個絕佳的角度。

如何判斷我們的人生是否有意義？我們可以嘗試著想像一下，一個有自己的世界和一個沒有自己的世界相比究竟會有什麼不同？這些不同就是我們的人生意義所在。

我們在用盡全力去幫助別人的時候，才有機會和這個世界產生一些積極又深刻的連結，才能感覺到自己真真切切地活在這個世界上。與此同時，我們透過對身邊人的一些幫助，讓這個世界變得美好了一點點，這就是人生的意義所在。

假如我們僅僅滿足於活在自己狹小的圈子裡，每天只是在精心算計自己的利益是否有損失，不想為周圍的人付出一點點，那麼這樣的一生是非常不划算的。從表面上看，這種活法好像讓我們占了便宜，但實際上讓我們吃了大虧——我們會因此很難體會到活著的意義。

這種活法，無法對其他人產生一點積極的影響。當有你的世界和沒有你的世界並沒有太大不同的時候，這樣的人生便是黯淡無光、毫無意義的。

多行善事，爲了別人，也爲了自己

每當有學生跟我訴說「感覺人生沒有什麼意義」的時候，我都會忍不住問學生這樣一個問題：「你是否考慮過從幫助別人的過程中去尋找自己人生的意義？」

為什麼我會問這個問題？我發現，只要和這些經常感嘆「人生沒什麼意義」的學生深聊下去，就很容易發現這些學生身上有一個共同點：他們只關注自己的感受，只關心自己的利益，喜歡刻意誇大自己的痛苦，同時對身邊的人置若罔聞。

在這些表象背後，也許有一些深刻的心理原因。比如，他們從小沒有得到足夠的關愛，或者受到過分的溺愛，或者在成長過程中遇到過一些傷害等。對他們來說，對別人冷漠只是一種防衛機制。但無論如何，一個人堅持把自己封閉在自己的世界裡，只會讓自己感到精神上的空虛，喪失生命的意義。

根據我的經驗，對於這部分學生來說，一旦他們願意走出自己的狹小世界，出去多參加一些社會實踐或者志工活動，努力做一個對別人有幫助的人，哪怕只是在寒假時間幫自己的表弟表妹輔導一下英語，他們就能重新找回生活的意義以及前進的動力。

馬克思（Karl Marx）曾說過，人的本質是一切社會關係的總和。我覺得這句話非常有道理，因為我們確實只有在與人交往的過程中才能定義自己，也只有在為他人帶來價值的時候才能實現自己的價值。

那麼，在日常生活中，我們究竟應該如何做才能更好地實踐「幫助別人，實現自己」的法則呢？下面，我總結了三個法則和大家分享。

一、從身邊的人開始幫起

很多人對外面的人往往都表現得很友善，但是對自己的家人卻很冷酷。其實，我們身邊的人更需要我們的關心和幫助。

比如，當妻子在廚房做飯的時候，丈夫可以提前把餐桌整理好，把餐具擺放好，這些小小的舉動，就可以讓夫妻關係變得更加融洽。再比如，你可以花一點時間耐心地教家裡的長輩如何使用智慧手機、如何用手機在網路上購物等。這些看似不起眼的小事情可能對他們來說意義重大。

二、從身邊的小事開始做起

幫助別人，不是只有捨己救人這樣驚天動地的大事，還有很多舉手之勞的小事。有時候，我們即使只是嘗試去做好身邊的一些小事，也能溫暖他人的心靈。

比如，每次走出社區的時候，假如前面的人幫忙稍微扶一下將要自動關閉的門，讓後面的我更加方便通過，這樣一個小小的善意的舉動，都會讓我心生感動。而且這份善意和感動，我會繼續傳遞下去。

再比如，有一次在商場門口，我們一家人看到一對父女著急進入商場，但是忘記戴口罩了，我們手裡恰好有多餘的口罩，就送給了這對父女。當時那位父親看了看我們一家人，準備掏出手機轉帳給我們，我們連忙表示不用給錢。然後，我們就看著這對父女開開心心地進了商場，那種感覺真好。

還有一次，我們一家人在一家遊樂場的速食店吃飯。那家餐廳有很多個門，但是都關了，只開一個主門。雖然關閉的門上都貼了告示，告知顧客「此門不通」，但是由於那張告示很小，很多人都沒看到，就一個勁地在那推門。門都是鎖著的，所以他們怎麼推都推不開，白費力氣。

當時我和兒子正好在那家餐廳吃飯，就充當起志工，站在那個關閉的門旁邊，告訴前來用餐的遊客，請走前面的主門。就是這樣一個小小的舉動，讓我們收穫了不少人的謝意。我和兒子因為能幫助別人而感到十分高興，在那裡站了好長時間，甚至覺得逛遊樂場都不如站在這裡幫助別人有意義。

三、把工作和助人連結在一起

我們也可以把自己的工作和幫助別人這件事情結合起來做，從而提升工作的幸福感。我們一旦能夠將工作賦予一層「助人」的意義，就會擁有更多的內在動力。

比如，每次下課之後，如果沒有要緊的事情，我都不會急著走出教室，因為有的學生會在這個時候走上前來問一些問題。由於有的學生問的問題屬於個人隱私，所以他就會坐在一個角落裡，等其他學生都離開教室後才走上前來提問。

這時，我不會把解答學生的問題看作額外的工作量，而是將其看作工作中最有價值的一部分。尤其是當自己的回答能夠消解學生的困惑，對學生來說真的有幫助的時候，我會感覺特別有成就感。有一些學生，他們會在校園裡遇見我的時候非常熱情、親切地和我打招呼。我發現這些學生都有一個共同點，那就是我和他們都分別有過幾次較為深入的交談。

在積極心理學領域，有一項針對醫院清潔工的研究，同樣揭示了把工作和助人連結在一起的重要意義。

來自紐約大學商學院的教授瑞茲奈斯基和他的同事透過研究發現，那些把自己的工作看作對治療病人有重要價值的清潔工，往往會在工作中表現出更多的幹勁，他們會主動預見醫生和護士將要提出的需求，更有責任感和使命感，願意承擔更多的工作。而那些只把清潔工作看作一份無聊的體力工作的人，則只會完成分內的工作，不會去做任何多餘的事情。[68]

如果能夠把工作和助人結合在一起，我們做的就不再是一份簡單的工作，而是一份事業，我們的人生也會因此變得更有意義。

68 馬丁・塞利格曼，《真實的幸福》，萬卷出版公司，2010：175。

思維16　少做無意義的事，過充實的生活

這三類無意義的事情，你會經常去做嗎

有一段時間，我發現自己經常會陷入一種焦慮狀態：每天雖然想要好好去努力、幹出一番事業來，但是內心又控制不住自己，把大量時間浪費在一些毫無意義的瑣事上。我每天雖然看起來忙忙碌碌，卻忙得毫無意義。

那麼，自己的寶貴時間，究竟浪費在哪些無意義的事情上了？透過一段時間的記錄和反思，我發現下面這三類事情特別容易偷走我的寶貴時間和注意力。

第一類：毫無節制地追求新奇刺激

前段時間，我看了一下手機上內建的應用程式使用時間統計功能。在過去一週

中，我在手機上耗費時間最多的三件事情是：微信使用十三個小時三十三分鐘，今日頭條使用八小時四十四分鐘，微信讀書使用三小時十八分鐘。而我自己一直誤認為，在過去的一週中，自己在手機上花最多時間的應該是微信讀書。

我為什麼會花費這麼多時間在今日頭條和微信朋友圈上呢？因為那段時間我手頭積壓的一些事情恰巧都做完了，空閒時間比較多，我就一心想要去追求點新奇刺激。

人們為什麼會執著於追求新奇刺激呢？也許是因為內心空虛。關於這一點，叔本華在《人生的智慧》一書中曾有一段特別精闢的論述：「人們對於外在世界發生的各種事情——甚至最微不足道的事情——所表現出的一刻不停的、強烈的關注，也暴露出他們的這種內在空虛……內心空虛之人無時無刻不在尋求外在刺激，試圖借助某事某物使他們的精神和情緒活動起來……能夠讓我們免於這種痛苦的手段，莫過於擁有豐富的內在——即豐富的精神思想。因為人的精神思想財富越優越和顯著，那麼留給無聊的空間就越小。」[69]

根據叔本華的觀點，如果想要破除「毫無節制地追求新奇刺激」的問題，就需要

69 叔本華（Arthur Schopenhauer），《人生的智慧》（*Aphorismen zur Lebensweisheit*），中央編譯出版社，2010：21。繁體版為《從悲劇中開出幸福花朵的人生智慧：叔本華》，方舟文化。

不斷充實自己的內心，當內心充實了，新奇刺激的誘惑就會越來越小。你可以每天規劃好時間，有針對性地去讀書和寫作，有計畫地去充實自己的內心。

同樣是追求新奇刺激，我們可以用「讀書」代替「玩手機」。與玩手機帶來的那種膚淺的快感有所不同的是，讀書帶來的是一種深度的理性愉悅。需要注意的是，如果想要用讀書代替玩手機，一定要選擇自己真正感興趣的書去讀。如果選擇用一本讀起來很枯燥的書去代替手機，往往容易失敗，最後還是會忍不住去玩手機。

以前我有一個不好的習慣，就是在睡覺前滑一會兒手機。現在我把這個習慣改成了睡前讀一會兒書。一般來說，晚上只要一到九點，我就會開始讀自己感興趣的一本書。有一段時間，我對理財的書很著迷，就會去讀理財類的書。另一段時間，我對小說很著迷，我就會去讀小說。總之，晚上的這段時間，我只用來讀那些我真正感興趣的書。只要能把自己的注意力從手機上引開，我就算贏了。至於那種大部頭的乾貨類、理論類書籍，我通常會放在白天精力旺盛的時間進行有計畫地閱讀和學習。

第二類：對所有的事情都苛求完美

很多人為了買到最划算的商品，會花一個多小時在各種購物網站上比價，最終購買了一件所謂「完美商品」——比原來的購物網站省了幾塊錢，卻對自己浪費的時間渾然不覺。

在經營微信訂閱號的時候，我也經常犯苛求完美的錯誤。之前我經常會花費兩個小時寫作，然後花一個多小時排版和校對文章。很顯然，我花在排版和校對上的時間有點多。事實上，一篇文章只要認真寫作，編校三遍後沒有問題，就可以發出來了，不需要總是無止境地去追求完美；而排版方式也完全可以選擇「極簡風」，沒有必要刻意去追求色彩繽紛，畢竟用戶更關注的是文章內容。就這樣，透過一番分析和努力，我把排版時間壓縮在了十分鐘以內，用更多的時間去創作。

讀到這裡，也許有人會問，追求完美不是好事嗎？沒錯，追求完美是好事，但並不是所有的事情都需要你追求完美。因為不同的事情，其重要程度是不同的，不是所有的事情都值得我們分配同樣的精力。有些不重要的事情，我們甚至可以戰略性地允許自己將其做得不完美。

比如，如果購買一件只有幾百元或幾十元的商品，我們完全可以在幾分鐘內做出決定，不必花太長的時間去精挑細選。即使這個決定不完美，我們也不需要承擔太大的風險。但假如我們要去購買一棟新的房子，涉及幾百萬元的一個交易，則不能匆忙做出決定。這時，我們應該綜合考慮一套房子的地理位置、商業配套、交通便利狀況、社區物業、開發商實力、區位發展前景以及自己的用房需求等因素後再做出判斷，這通常需要花費很長一段時間去考察和斟酌，才能做出理智的選擇。

在現實生活中，很多人不擅長抓重點，在一些不重要的事情上苛求完美，結果白白浪費了太多寶貴的時間。比如，回覆一封普通的工作郵件，字斟句酌，明明可以花十分鐘完成的事情非要花上半個小時；再比如，花費一下午的時間去思考晚飯究竟應該去哪家餐廳吃等。

人的時間畢竟是有限的，我們只有把有限的時間用來做最重要的事情，在最重要的事情上追求完美，才能讓我們的時間發揮最大的價值；如果把太多的時間浪費在那些不重要的事情上，我們的生活就會喪失價值感和意義感。

第三類：為不重要的事情過度擔憂

作為一個多愁善感的人，我發現自己經常會把時間浪費在擔憂某些不重要的小事情上。比如，傳訊息給一個人，對方沒回，我就會忍不住去想：對方不回我訊息，是不是說明他對我有意見？我是不是哪句話說得不太合適得罪了對方？我這樣想來想去，就會影響情緒，做事情就很容易沒有狀態，導致寶貴的時間被浪費。

針對這一問題，我經常勸慰自己一句話：「你所擔心的百分之九十九的事情，都是不可能發生的。」事實也的確如此。週末的晚上，我經常會為週一那些難搞的事情擔憂不已。但是到了週一，我只要火力全開，就可以逐一化解很多難題，發現自己的很多擔憂其實都是沒有必要的。

還有，當你感到擔憂時，不要沉浸在其中，而是要想辦法去做一些有價值、有意義的事情，以轉移自己的注意力。一個人一旦開始忙起來，就會慢慢忽略很多擔憂。

總之，我們如果能夠有效避開浪費時間的三個大坑：毫無節制地追求新奇刺激、對所有的事情都苛求完美、為不重要的事情過度擔憂，我們就會慢慢發現，那些被充分利用的時間，就如同金子一般，我們的生活，也會因充分利用時間而變得金光閃閃。

如何戒掉玩手機的癮

雖然我列舉了三大類無意義的事情，但是如果要說現如今有哪一件事情最容易偷走人們的時間，那恐怕非玩手機莫屬。

每次乘坐地鐵的時候，我發現身邊幾乎每個人都在看手機。這個時候，倘若有一個人拿出一本紙本書來閱讀，就會顯得很不一樣。很多學生在上課的時候也情不自禁地掏出手機玩個不停。最近還有一個學生跑過來對我說，他已經連續移除過三次手機上的社群軟體了，因為他每天都控制不住自己玩社群軟體的時間。每隔幾分鐘，他就會檢查社群軟體，看看有沒有新鮮好玩的事情。

如何才能戒掉玩手機的癮？結合心理學的理論和我個人的實踐經驗，我總結出了三個方法和大家分享。

一、學會延遲滿足自己

不可否認的是，手機確實好玩，因為它裡面充滿了各式各樣的誘惑。而且，人都是渴望得到一些新奇刺激的，這個本性很難改變。所以想要徹底戒掉玩手機的癮，絕非僅憑藉一股頑強的意志力就可以達成。但是，我們可以選擇透過延遲滿足自己的方式，達到「既能玩到手機，又能把正事完成」的目的。

所謂延遲滿足自己，是指先確保把最重要的事情完成，再去玩手機。這個時候，玩手機就相當於是對我們完成重要事情的一種獎勵。我們如果不懂得延遲滿足自己，選擇先去玩手機、再去做重要的事情，就可能會導致發生「玩了太長時間手機，正事卻沒時間去做」的情況。

二、「以事後之悔悟，破臨事之癡迷」

我們在忍不住要去追求新奇刺激的時候，還可以用下面這句話來提醒自己：「以事後之悔悟，破臨事之癡迷。」我們在忍不住去玩手機的時候，如果能夠這樣及時提醒自己，「長時間玩手機，那些新奇的刺激最終只不過會加劇內心的空虛」，就可以幫助我們在開始尋求刺激的時候保持頭腦清醒，及時喊停。

這一理念，其實源自於《菜根譚》。《菜根譚》有云：「飽後思味，則濃淡之境都消；色後思淫，則男女之見盡絕。故人常以事後之悔悟，破臨事之癡迷，則性定而動無不正。」酒足飯飽之後，再去想美味佳餚，美味佳餚就沒有那麼誘人了；欲望得到滿足之後，再去想男女之事，也不會覺得那件事那麼有誘惑力了。所以，我們可以牢記做完某事之後通常會產生的悔悟之念，以破除做這件事之前所懷有的那種貪戀的態度，從而保證自己淡定處事，行為端正。

三、養成在固定時間玩手機的習慣

我們知道，習慣是一股強大的洪流。我們如果養成了每天早上一起床就先玩一會兒手機的習慣，或者養成了只要感到無聊就玩一會兒手機的習慣，那麼我們想要戒掉玩手機的癮，就會變得難上加難。

這時，我們只要主動出擊，養成在固定時間玩手機的習慣，就可以節省大量時間。比如，我目前養成的習慣是固定在吃完早飯、午飯、晚飯後的一段時間內玩手機。其他時間如果忍不住想玩，我就會安慰自己，別著急，等吃完飯後再好好玩吧。

我會把玩手機的時間固定在吃完飯之後的一段時間進行，是因為剛吃完飯時人的大腦往往是最容易犯迷糊的時候，不適合進行比較燒腦的活動，做事效率也不高。所以，我正好可以利用這段效率不高的時間玩一會兒手機，滿足一下自己也無妨。

爲有意義的生活尋找支撐點

減少去做無意義的事情，並不意味著我們立刻就能開始過有意義的生活。想要開始過有意義的生活，我們還應當為有意義的生活尋找一些支撐點。這些支撐點的作用，就是用有意義的事情來填滿我們的時間。

為了讓自己的生活更有意義，我為自己的生活找到了以下五個支撐點：**用平常心對待生活或工作中的難題、擁有一兩個興趣愛好、養成良好的生活習慣、和朋友保持密切聯絡、擁有一份自己的夢想清單。**

前些日子，一位朋友傳訊息向我求助，他說自己的情緒狀態不太好，因為他所處的行業受疫情衝擊挺嚴重的，已經被迫降薪有一段時間了，而他情緒低落的直接原因是，最近在工作上遇到很多不順心的事情，感覺壓力很大。

「反正最近一個月就是感覺情緒頗低落的，回到家之後，經常一個人躺在床上，什麼也不想做，連玩手機都覺得無聊。」他的語氣中充滿了頹廢的味道。透過一系列的簡單詢問，我基本排除了這位朋友具有嚴重心理問題的可能性。

我發現，他的生活中由於缺少一些有力的支撐點，導致他感覺生活有些無聊、沒有意義。例如，他幾乎沒有可以說內心話的朋友，也沒有什麼興趣愛好。因此，他一旦在工作和生活遇到不順心的事，就很容易陷入情緒的低潮期。

我和這位朋友分享了我自己經常會用到的五個心理支撐點，希望他能花時間去建立和培養自己的心理支撐點，進而慢慢走出情緒的低潮期，讓生活變得更加有意義。

第一個支撐點：用平常心對待生活或工作中的難題

什麼是「平常心」？我們可以套用森田療法的八個字：順其自然，為所當為。

所謂「順其自然」，是指在面對生活中不順心的事情時，不去過多地抱怨和糾結「為什麼倒楣的事情總是降臨在我的頭上」，而是學會接納「不順心的事情是生活中必然會出現的一部分內容」。

我個人特別喜歡的一種自我對話方式是，「既然這件倒楣的事降臨到了我頭上，就讓我看看自己能從中學到哪些經驗、增強哪些能力吧！說不定，我還能從中找到一些寫作素材呢！」我一旦這樣去想，就很容易接納生活中的難題。

所謂「為所當為」，是指到了該做什麼事情的時間，就去做什麼事情。一個人即使心情糟透了，大腦裡想的是逃避，也要把生活或工作中該完成的事情完成，否則事情越堆越多，心情也會更加糟糕。「為所當為」的本質是鼓勵你正視問題，然後在解決問題的過程中不斷提升自信心。

第二個支撐點：擁有一兩個興趣愛好

關於興趣愛好的重要性，我最喜歡的一段論述來自哲學家羅素的《幸福之路》一書：「一個人感興趣的事越多，快樂的機會也就越多，需要被拯救的機會就越少，因為如果他失去了一樣東西，他就能轉向另一樣東西。人生是短暫的，我們無法對所有的事都感興趣，但盡可能對很多事情感興趣總是一件好事，這樣可以充實我們的生活。」[70]

之前我沒有什麼興趣愛好，生活毫無生機可言。在意識到這個問題之後，我慢慢培養起了幾種興趣愛好（籃球、汽車、投資理財等）。我覺得在培養興趣的過程中，有兩點要特別注意。

第一點，學會拋卻功利心，同時學會聽從內心的聲音，就能發現自己的興趣。有一段時間，我嘗試把學英語當興趣，但是發現自己總是容易把學英語和考證連結起來，從而喪失了學習的內在動力，就轉而考慮培養其他方面的興趣。

第二點，不要讓興趣耽誤主業。興趣不是生活的全部，對感興趣的事，必須要做

---

70 羅素（Bertrand Russell），《幸福之路》（*The Conquest of Happiness*），華夏出版社，2013：131。繁體版為《羅素的幸福解答之書：陪你踏上幸福之路的解憂實踐指南》，晶冠出版社。

好自我控制，不能耽誤重要的事情。比如，我雖然對汽車很感興趣，但我為自己訂下規則，每次瀏覽汽車新聞的時間不能超過一個小時。

第三個支撐點：養成良好的生活習慣

養成良好的生活習慣，有規律地生活，會給人一種踏實感，還可以有效抵禦情緒的大起大落。沒有養成良好習慣的人，內心很容易波動，也很容易被「接下來我該做什麼」的焦慮感所吞噬。

我是一個生性敏感的人，情緒很容易波動。但是在剛剛過去的暑假裡，情緒一直比較平穩，因為我養成了比較好的生活習慣。我上午寫作，下午備課，晚上放鬆一下。最近幾天的晚上，我還會拍幾個短影音在網路上分享。到了哪個時間點，我就去做哪件事，內心踏實又篤定。

第四個支撐點：和朋友保持密切聯絡

人是一種社會性動物，愛與被愛都是人的基本需求。因此，在人與人的互動過程中，我的心情很容易得到安撫。當你感覺心情低落的時候，如果身邊有一個朋友願意聽你訴說，願意無條件地接納你或包容你（不只是急於為你出主意），這時你就會感覺特別療癒。

有的人，外表看起來很懂事，內心卻特別善於壓抑自己的感情，不願意找人傾訴，遇到事情總是一個人扛著。這一類人往往長期沉浸在憂鬱情緒中，心理很容易出問題。心理諮商中有個說法叫作「說出來，就好了」，我們壓在心裡的很多感受和情緒，如果不給它們一個釋放的通道，就會消耗大量的心理能量，使整個人失去活力。

而一旦能找到合適的人傾訴，就會在傾訴過程中和別人產生一種連結感。這種連結感會讓他感覺到，自己在這個世界上不是孤獨的，在心靈獲得療癒的同時，還會讓自己進一步鼓起戰勝挑戰的勇氣。這就是我們需要經常和朋友保持密切聯絡的原因。

而在經營朋友關係的過程中，一個關鍵點是要學會經常性地給予他人。我們不能總是做一個索取者，總是渴望得到來自別人的關心、支持和理解，但是自己卻從來不肯付出。我們只有經常把自己想要的東西給出去，才有機會得到同樣的回報。

第五個支撐點：擁有一份自己的夢想清單

一個人如果能看到未來的希望，即使遭遇了挫折，也不會被輕易打倒。你如果覺得自己現在的生活很苦，不妨憧憬或規劃一下自己未來的美好生活。比如，你可以抽出半天或一天的時間寫一份夢想清單，把你這輩子最想做的事情都寫在夢想清單上。

寫好這份夢想清單之後，你可以把它保存在手機裡面，然後花點時間，慢慢地一步步向自己的這些夢想靠近。在處於情緒低谷的時候，或者感覺工作壓力太大的時候，你就可以拿出這份夢想清單來好好看看。

在我的夢想清單裡面，有一項是「運用所學的知識去幫助更多的人變得更加幸福」。所以，我會更加認真地去備課，會花更長時間去和學生談心，持續不斷地去寫心理學的科普文章。

每當我感覺想要偷懶的時候，每當我感覺自己太急功近利的時候，每當我感覺寫作太累的時候，我都會用這個夢想清單來激勵自己。因為我相信：雖然現在很苦，但實現夢想的過程是甜的。

思維17 堅持不斷試錯，確立人生方向

如果缺少明確的職業目標，就先確立大概的人生方向

作為一名教師，我經常聽到身邊的學生發出類似的感嘆：「我現在之所以活得渾渾噩噩，就是因為缺乏一個明確的職業目標，不知道將來該做點什麼好。」

的確，擁有一個明確的職業目標可以為自己的生活提供動力和指引。但是，一個人想要確立一個明確的職業目標，並不是一件容易的事情。環顧四周，很多人缺乏長遠的目標，於是選擇了隨波逐流，他們夜以繼日地從事著自己厭惡的工作，但是為了養家糊口，只好生硬地吞下對現實的種種不滿。

根據職業生涯規劃的相關理論，一個人想要擁有一個清晰的職業目標，從而有機會從事一份自己滿意的工作，至少要滿足兩個條件：第一，對自己的特質有明確的認

知，了解自己有哪些知識、技能、興趣等；第二，對職業種類有清晰的了解，知道自己所感興趣的職業在用人方面有哪些具體的要求。

只有同時滿足上述兩個條件，一個人才能在諸多職業中做出一個絕佳的選擇，釐清自己的職業目標。然而，無論是了解自己，還是了解職業，都是一個漫長又艱難的過程，這需要一個人帶著一定的假設在實踐中不斷摸索、在現實中不斷試錯，也就需要經歷很多的坎坷和波折。

好消息是，雖然擁有一個明確的職業目標很難，但是擁有一個大概的人生方向卻容易很多。而擁有一個大概的人生方向，同樣可以在奮鬥路上為我們提供一定程度的指引，從而避免讓自己徹底地陷入迷茫。

比如，目前的你，考慮未來做一名老師，這就算一個大概的人生方向。此時的你，也許還沒有完全確定自己將來究竟是做一名小學老師、中學老師，還是大學老師，也不確定自己將來會教哪門學科。你只是感覺自己適合教書育人，並且非常享受向他人傳授知識，以及幫助別人不斷成長的樂趣。

你能做到這一步已經很不錯了。一旦擁有了一個大概的人生方向之後，我們就可以對這個人生方向不斷地探索和打磨，最終慢慢確立一個相對清晰的職業目標。

曾經有一段時間，我很糾結，不確定自己將來是要成為一名大學老師，還是成為一名企業培訓師。前者對我來說更加穩定一些，而後者更能充分激發個人的潛力。不過，在那段時間我想清楚了一個問題，無論是留在大學做老師，還是到企業去做培訓師，本質上都是做老師，這兩份職業都可以透過知識的力量促進學生（學員）的成長。

也就是說，這兩個選擇其實都遵循著同一個人生方向。我之所以無法確定去做哪一個，說明做選擇的時機還不成熟，可以等一段時間再做決定。我只要全心全意努力發展自己，將來無論是做大學老師，還是做企業培訓師，都會發揮加分作用。

後來，隨著我對自己的了解不斷深入，以及對大學教師和企業培訓師這兩個職業的了解逐漸深入，我慢慢確定了成為一名大學教師的目標。現在的我，在大學裡面教著我個人非常喜歡的課程，很享受現在的生活狀態。此時，我再回過頭去想當年的那份糾結，發現當時真的沒必要花那麼多時間去耗費腦細胞，執著地要求當初的自己必須馬上確立一個明確的職業目標。畢竟，當時做決策的時機還不夠成熟。

一個人在確立職業目標的過程中，應該對「暫時性的模糊或特定性的迷茫」具有一定的容忍度，並且在心裡告訴自己，只要先把人生的大概方向確立好，隨著對自我探索和職業探索的不斷深入，一個更為清晰明確的職業目標自然會慢慢浮出水面。

人生有五大類方向，你的選擇是什麼

也許有人會說：「雖然確立人生方向比確立職業目標要容易一些，但是我依然不知道自己應該確立什麼樣的人生方向，該怎麼辦？」

為了回答這個問題，我想和大家分享一個「通用版本」的五大類人生前進方向，希望能帶給大家一些啟發。當然，接下來提到的這五大類人生前進方向，仍然屬於比較粗線條的方向。我們可以在這些相對粗線條方向的基礎上繼續進行探索，最終使我們的人生前進方向越來越明確、越來越具體。

這五大類人生前進方向分別是：**追求生命的高度、生命的深度、生命的寬度、生命的溫度和生命的重度**。

第一類方向：追求生命的高度。這一類人，成就動機特別強，做事的目的性也很強。他們喜歡和別人進行比較、競爭，他們把賺更多的錢或者晉升到更高的職位看作衡量個人價值的重要指標。為了達到上述目標，他們願意放棄很多東西，比如，放棄休息和娛樂的時間，放棄和家人待在一起的時間。而最讓他們感到開心的，就是在競爭中取勝的那一刻。

第二類方向：追求生命的深度。這一類人，渴望對某一知識領域進行深入的研究。他們享受智慧和思維本身所帶來的樂趣，喜歡閱讀，並就某個問題進行持續性的深入思考。最讓他們感到開心的，就是為苦思冥想的某個問題找到了一個滿意的答案。

第三類方向：追求生命的寬度。這一類人，渴望不斷豐富人生的體驗，喜歡與形形色色的人打交道。他們對世界、對他人始終抱有一顆好奇心。他們渴望自由，不喜歡被束縛。最讓他們開心的事，是踏上一段全新的旅程，開啟一番新的冒險，擁有持續不斷的積極情緒體驗。

第四類方向：追求生命的溫度。這一類人，渴望心與心的交流，非常在乎人與人之間的情感連結。他們往往善於傾聽、同理心強，樂於助人，不喜歡激烈的競爭。最讓他們開心的事，是透過自己的努力，溫暖他人的心靈，或者促進對方的成長。

第五類方向：追求生命的重度。這一類人，看輕物質層面的享受，特別注重精神世界的滿足。他們很容易從自己所確立的信念和信仰中得到源源不斷的前進動力。他們看重對人生意義的探索，並願意為了內心堅守的信念付出持續不斷的努力。正如司馬遷所說：「人固有一死，或重於泰山，或輕於鴻毛。」確信自己的人生充滿意義的時候，是最讓他們開心的時候。

對照以上五類人生前進的方向，我發現自己所追求的是生命的深度和溫度。正是因為追求生命的深度，後來我選擇了繼續讀博士和持續寫作，不斷探索個人幸福領域的知識；正是因為追求生命的溫度，後來我選擇站在三尺講臺上成為一名教師，透過上課、演講等方式傳授讓人變得更加幸福的知識。這兩個人生方向揉合在一起，構成了我的一個人生整體前進方向：用通俗易懂的語言傳遞有用的心理學知識，幫助更多的人變得更加幸福。

當然，確立人生方向，不是一道簡單的選擇題，我們無法只憑直覺做出適合自己的選擇。這個選擇過程，往往需要我們不斷地探索，甚至是在踏上一段錯誤的旅程之後，才逐漸清楚自己真正想要前進的方向。

透過不斷試錯確立人生的方向

我透過一步步探索，逐步使人生方向變得越來越明確。

我在大學主修的是心理學，但當時心理學是個非常冷門的科系，畢業後很難找到一份理想的工作。當時的我，為自己確立了一個大致的方向：畢業之後去教英語。我會設定這樣一個方向有兩個原因：第一，當時英語培訓市場很大，教英語很容易賺到錢；第二，我的英語成績還算不錯，在校內拿到了一些英語演講比賽的獎項。

經過幾年的努力，我終於在讀研究生二年級的時候，成為國內一家知名英語培訓機構的兼職英語培訓教師。從表面上看，我的目標實現了，我應該非常開心。但是實際情況是，我發現做英語培訓教師是一件很痛苦的事情，每個月我只有在發薪的那一天是最開心的。這也許是因為，自己當時想要做英語培訓教師的主要動機就是為了多賺錢，無法從教孩子學英語本身得到太多的樂趣。

當時我主要負責教學生如何提升英語閱讀理解部分的考試成績，所以會花大量的時間去分析某一道題目為什麼選A而不是選B。在我的內心深處，對於應試教育本身是很抵觸的，因為我更喜歡和學生分享個人成長的感悟。因此，每次上課為學生講閱讀理解題的時候，我都覺得時間過得很慢，內心飽受煎熬，身體也很容易感到疲憊。

反思擔任英語培訓教師的這段經歷，我發現自己真正想要追求的並不是生命的高度（賺更多的錢），而是想要追求生命的溫度（幫助別人在心靈層面獲得成長）。

在讀大學期間，我還有做學生幹部的經歷，這段經歷也對我確定人生方向發揮了一定的作用。從大一開始，我就透過公開競選的方式開始擔任班長以及學生會幹部，也因此對行政類工作有了初步的認識。雖然做學生幹部可以有更多機會去為身邊的同學服務，這一點很吸引我，但是，做學生幹部也意味著要去處理和應付各式各樣的雜事，對一個人的時間、精力、人際交往能力、忍辱耐煩的能力都有很高的要求。

於是，在大三這一年，已經成為學生會副主席的我，決定放棄競選學生會主席，想要把更多時間和精力用來考研究所，因為我覺得待在自習室裡複習會讓內心變得很踏實。然而，當時身邊有不少老師和同學對我的這個決定感到有些疑惑，他們當中有人問我：「前面學生會幹部工作做得好好的，為什麼會放棄競選學生會主席呢？」其實，我也覺得自己可以競選學生會主席，但也許在潛意識裡，我已經發覺自己更適合去追求生命的深度（考研究所深造），而不是追求生命的高度（競選學生會主席）。

透過回顧上述兩段經歷，我對自己有了更加深刻的認識，也對自己想要追求生命溫度和深度的人生前進方向，變得更加明確。

在研究生畢業之後，我選擇了進入大學工作，由於只是碩士學歷，所以只能利用晚上時間為學生上選修課。後來，我聽從內心的召喚，克服了重重困難，透過幾年的努力，終於拿到了博士學位，成為一名大學專任教師。現在，我站在講臺上的時候，充滿了興趣和熱情，迫不及待地想要把自己學到的知識分享給學生，希望透過自己的努力可以讓學生變得更加幸福。

此外，我還會利用業餘時間堅持寫作，對一些問題進行較為深入的研究。透過不斷的試錯和探索，我現在終於找到了一份可以同時滿足我對人生溫度和深度追求的工作，所以我現在每天去上班的時候，都有很強的幸福感。

總之，我們在探索人生前進方向的時候，很有可能在一開始就踏上一條看似錯誤的道路，或者做出一些錯誤的選擇。但是，這些錯誤的選擇都是有價值的。因為從這些錯誤的選擇當中，在和挫折不斷抗爭的過程中，我們能不斷加深對自己的了解和認識。我們只要能夠對錯誤的選擇進行及時的反思，不斷從中吸取經驗，多一點勇氣、魄力和毅力，就能慢慢轉移到正確的人生方向。

確立人生方向需要完成的三項思維升級

想要確立人生前進的方向，除了需要不斷試錯，我認為還需要完成以下三項思維升級。

一、知道成功是多元化的

不少人會直接把成功與賺大錢和做大官畫上等號，認為只有追求人生高度的人才有機會獲得真正的成功。這種觀念，其實屬於「一元化」的成功觀。每個人脾氣、秉性、潛力各不相同，所以前進方向也會有所不同。我們只要能在自己擅長並感興趣的領域持續精進，無論選擇去山區支教，還是跑去非洲研究大猩猩，都是一種成功。

當然，我並不是要否定追求人生高度的人。比如，有的人想要賺更多的錢，是因為他對投資和理財很感興趣，賺錢的過程可以充分激發他的個人潛力。而且，在努力賺錢的過程中，他的個人能力也能不斷地得到提升。在賺到錢之後，他還想著如何用錢去更好地奉獻社會。再比如，有的人想做更大的官，並不是單純地渴望權力，而是想要更好地發揮自己的優勢，去為人民服務。一個人如果出於以上動機去追求人生的高度，那麼這種成功觀就值得推崇了。

二、重視內在的興趣和動機

我們在確立人生前進方向的時候，一定不要過分關注外在的獎勵，而是要尊重自己的內在興趣和動機。因為只有尊重自己的內在興趣和動機，我們才能在前進的過程中得到充分的滿足感和幸福感。

也許有人會問，只在乎內在興趣和動機，那賺不到錢怎麼辦？難道不需要考慮怎麼養活自己？事實上，如果把眼光放得長遠一些，做自己真正感興趣的事情和賺錢並不衝突。

在某一次培訓班上，我認識了一位從外企專案經理職位跳槽出來做心理諮商師的中年男人。他已經四十歲了，卻放棄了外企優渥的待遇，一心從事自己真正喜歡的心理諮商師工作。他和我很像，都是那種想追求生命深度和溫度的人。

開始的時候，他的生活的確過得有些艱難，但是他對心理諮商充滿了濃厚的興趣。在培訓班上，他總是積極發言，課後他一直持續不斷地精進自己的諮商技能。在跳槽出來的第四個年頭，他做心理諮商師的收入已經超過了他之前在外企工作時的待遇。更為關鍵的是，他是透過從事自己真正感興趣的工作賺到了令他非常滿意的收入。當跟我談到這段經歷的時候，他眉飛色舞，整個人容光煥發，精神狀態極佳。

德國知名理財大師博多・舍費爾在暢銷書《財務自由之路》中就曾明確地提出建議：「將你的事業建立在你最大的愛好之上，用你的愛好來賺錢。花點時間分析一下，你真正感興趣的是什麼、你的才能在哪方面，之後你才有可能從事一份自己既感興趣又能賺錢的工作。」[71]

三、學會斷捨離

想要確定自己的人生前進方向，還有一點十分重要，那就是要學會斷捨離。也許你想追求的人生方向有很多，但是人的精力是有限的，你必須從自己想要追求的人生方向中選出你最想前進的方向。

我的一位同學，他的情商非常高，在讀大學的時候就一直擔任學校的學生會幹部。研究生畢業之後，他選擇了留校工作。他工作十分出色，當他工作了五六年時間之後，在有很大機會晉升到更高級別的管理職位的時候，他卻選擇急流勇退，辭掉了工作去讀博士。

71 博多・舍費爾，《財務自由之路》，現代出版社，2017:9。

聽到這個消息之後，我感到十分詫異。在一次一起吃飯的時候，他對我說出了實情。原來，他一直覺得與從事行政工作相比，自己更適合從事教學工作。雖然他也可以把行政工作做得十分出色，但是他覺得生命是有限的，接下來，他想把最寶貴的時光用來做他真正想做的事情。

他的勇氣讓我欽佩。而他後面的人生軌跡也印證了一點：一個人如果找到了自己真正想要前進的人生方向，就會煥發出更大的活力。他僅用三年時間就拿到了博士學位，並且很快被破格晉升副教授，成為碩士生導師。

我的這位同學，原本可以選擇去追求生命的高度，但是他在審問了自己的內心之後，發現自己更適合去追求生命的深度。最終，他拿出了斷捨離的魄力，走上了更加適合自己的人生前進道路，生命也因此煥發出了更加奪目的光彩。

思維18　發現個人優勢，並尋找機會發揮它

一個人最幸福的時刻，就是他能發揮優勢的時候

從二〇一三年第一次在學校講積極心理學的課算起，我在推廣積極心理學知識這條路上已經行走了多年時間。當初積極心理學特別吸引我的一個原因，就是積極心理學之父馬丁・塞利格曼對幸福下的一個定義：所謂幸福的生活，就是「找到你的優勢並發揮它」。[72]

第一次讀到這個理念，我就覺得這句話說得實在是太妙了！回想自己存在感、成就感特別強烈的那些時刻，幾乎每一個時刻都和優勢發揮有關。無論是為學生講一堂

72 馬丁・塞利格曼，《真實的幸福》，萬卷出版公司，2010：127。

充滿啟發的幸福課，還是受邀去做心理學知識的主題分享，我都能體會到那種時光過得飛快、酣暢淋漓的「心流體驗」！

你只有在發揮優勢的那一刻，才會覺得人生原來如此美妙，生活原來如此美好。早在古希臘時期，亞里斯多德（Aristotle）就開始提倡這種發揮優勢的理念。他曾說過，如果你是一匹馬，你就應該去奔跑。

我們再看看投資大師巴菲特（Warren Buffett）的故事。有一次，巴菲特對一群大學生說出了自己成功的祕訣：每天早上起床之後，他都有機會去做自己最愛的事情。對於巴菲特來說，他最愛的事情是什麼？投資。投資是他的職業，也是他熱愛的事業。那麼，為什麼他會對投資這件事如此熱愛和癡迷？因為投資這件事情能夠充分發揮他的優勢。

巴菲特有三項獨特的優勢：極具耐心、注重實際、善於授權。他把自己的這三項優勢巧妙地運用到了他的投資事業中。首先，他在投資的過程中具有十足的耐心，只有當他對一家公司未來二十年的發展懷有充足信心的時候，才會選擇投資這家公司；其次，他在投資的過程中注重實際，對各式各樣的投資理論不盲目迷信，而是相信和堅持自己的判斷；最後，他善於授權，放手讓自己信任的人去進行一些日常的管理，從而讓自己有機會專注地去做更加重要的事情。[73]

由於有足夠多的機會讓他在投資事業中不斷地發揮個人的優勢，巴菲特體會到了強烈的成就感和幸福感。

然而，不可否認的是，在現實生活中，很多人受到管理學中一個被廣泛傳播的概念「短板理論」的影響，過分關注自己的劣勢，花很長時間去改正自己的缺點，導致自己沒有時間和機會去發掘自己的優勢，最終使自己離幸福越來越遠。

「短板理論」也被稱為「木桶理論」，指決定一個木桶盛水量的關鍵因素是最短的那塊木板，如果想使木桶的盛水量增加，就必須彌補短板。如果將短板理論運用到個人發展上，該理念強調一個人要努力彌補自己的劣勢和不足，這樣才有機會取得更大的發展空間。

而積極心理學強調的理念恰巧與「短板理論」完全相反，我們可以將積極心理學中「強調個人優勢的發揮」這一理念定義為「長板理論」。「長板理論」包含兩個重要的支撐觀念：第一，每個人都具有與眾不同的天賦和優勢；第二，每個人最大的成長

73 馬庫斯．白金漢（Marcus Bukingham）、唐納德．克利夫頓（Donald O.Clifton），《現在，發現你的優勢》（*Now, Discover Your Strengths*），中國青年出版社，2002:34。

空間就在於有機會去運用和發揮自己的優勢。[74]

三個方法，幫你探索和發現個人優勢

那麼，我們如何才能找到自己的優勢呢？結合心理學的理論和個人的實踐經驗，我總結出了探索和發現個人優勢的三個方法，在這裡和大家分享一下。

第一個方法：記錄幸福瞬間

在幸福課上，我經常出給學生的一個作業就是記錄幸福瞬間：每當學生遇到讓自己感覺幸福的事情，就可以花點時間把這件事情記錄下來。這個作業，一方面可以幫助學生養成發現幸福的習慣；另一方面，可以幫助一個人發現自己的優勢。

根據積極心理學對幸福的解釋，當一個人感受到深深幸福感的時刻，有可能正是

74 馬庫斯．白金漢、唐納德．克利夫頓，《現在，發現你的優勢》，中國青年出版社，2002：25。

他的優勢得到充分發揮的時刻。那麼我們就可以透過自己感到幸福的瞬間，尤其是那些能夠感受到心流體驗的幸福瞬間去倒推自己的優勢。

比如，我堅持記錄了一段時間自己的幸福瞬間後發現，自己感到特別幸福的時刻往往都是在講完一堂課或者做完一場講座後，聽眾給了我特別積極的回饋的時刻。這個時候，我會感受到一股強烈的成就感和幸福感。慢慢地，我就逐漸明白了「演講或者講課」是我個人一個獨一無二的優勢。

第二個方法：借助心理測評

此外，我們還可以借助工具和他人的力量探索個人優勢。比如，我們可以借助一些心理測評去探索個人優勢。在採用心理測評的時候，我建議多做幾個不同類型的測評，這樣會更容易形成對自我個性比較全面、立體、豐富的認識，而不是拘泥於一個測評的結果，導致對自我的認知受到限制。

比較推薦大家去做的幾個和優勢相關的測評包括：積極心理學之父馬丁・塞利格曼所推崇的性格優勢測試，《現在，發現你的優勢》一書中所提到的蓋洛普「優勢識別器」測試，以及霍蘭德職業性格測試（Self-Directed Search，簡稱ＳＤＳ）。

雖然霍蘭德職業性格測試並不是一個直接測量優勢的工具，但是它可以透過測出一個人的職業興趣類型的方式，提示一個人的可能優勢。比如，該測試將人分為六種不同的職業興趣類型，其中一種類型叫作企業型，而我們可以從有關企業型人的特徵描述中發現這一類型的人所具有的一些共同優勢：具有一定的領導力、喜歡競爭和冒險、做事目的性很強等。

第三個方法：翻轉個人劣勢

很多人對自己的優勢往往不了解，但是對自己的劣勢卻很清楚。這也許和很多人從小受到的教育有很大關係，他們經常被責令去改正自己的缺點，而不是經常被鼓勵去發揚自己的優點。然而，優勢和劣勢就如同一枚硬幣的正反兩面，我們只要能發現其中一面，就很容易知道或推測出另一面。在這裡，我和大家分享一個發現個人優勢的獨特方法：翻轉個人劣勢。

一開始，我並不接納自己身上所具備的三項劣勢：內向、敏感、偏悲觀，後來我發現了這些劣勢所對應的優勢，就越來越接納自己的個性。

首先，正是因為內向的個性，讓我總是傾向於向「內」尋找答案，在研究問題的時候不自覺地去追求深度，而不是淺嘗輒止。正是因為想要對某個問題進行深入研究的內在動力，才讓我能夠在自己感興趣的領域進行較為深入的研究，並且立志成為這個領域的專家。

其次，正是因為敏感的個性，才讓我的感情變得十分細膩，使我具備了寫作方面的優勢。對於很多人來說，寫作的時候會發愁自己沒有素材可寫。但是對於敏感的我來說，搜集素材從來都不是一件難事，別人的一個眼神，一本書中的某個觀點，自己所經歷的一件小事，都會成為我的寫作素材。一開始，我非常討厭自己敏感的性格，凡事都容易多想，感到十分心累。但是自從開始寫作後，我發現這項劣勢就變成了優勢。而且寫作也為我提供了一個很好的情緒釋放管道，讓我有機會能夠把很多消極情緒表達出來，而不是藏在心底持續消耗我的心理能量。

最後，正是因為偏悲觀的個性，才讓我擁有了較強的風險控制意識，從而讓我的人生道路走得相對來說比較穩健。比如，當身邊的朋友向我推薦那些收益率非常高的理財產品的時候，我通常都有自己的判斷，不會盲目輕信。而我自己，則會對那些經過一番深入研究後挑選出來的行業指數基金堅持長期定投，最終取得了不錯的收益。也正因為偏悲觀的個性，我一直有著比較強烈的憂患意識，不敢輕易停下前進的腳步。

雖然我現在的工作非常穩定，但我還是經常會問自己這樣一個問題：「假如我現在失業了，我可以靠哪些技能養活自己？」正因為擁有這樣一種憂患意識，我不斷克服惰性去發展自己，無論是寫文章，還是積極參加培訓磨練自己的講課、諮商技能，都是為了讓自己不斷變得更加強大。

不要讓金子蒙上塵土：努力去發揮優勢

發現個人優勢只是第一步，更加重要的是第二步：尋找機會努力去發揮個人優勢。一個人如果知道自己的優勢卻沒有機會去發揮，就如同讓金子蒙上了塵土，遮住了原本屬於自己的耀眼光芒。

如何才能更好地去發揮個人優勢呢？接下來，我就和大家分享三個具體的方法。

一、不要低估發揮優勢所釋放出來的巨大能量

二〇二一年，我下了很大的決心，離開了工作十年的地方，換了一份嶄新的工

作。新工作最吸引我的地方就是，它可以讓我有更大的空間充分發揮自己的優勢，讓我有足夠多的時間和精力全心全意投身於自己熱愛的教學事業。

雖然新工作對我很有吸引力，但是要離開一個工作十年的地方，也需要下很大的決心。第一，原單位的上司和同事都對我很好，這份情誼很難一下子就放下。第二，原單位的薪資、福利和待遇都很好，也非常穩定，每年都有大量頂尖大學畢業的人才想要擠進來，自己當時也是過五關斬六將才拿到 offer 的，而現在自己居然想要主動放棄，身邊的很多人都很難理解。第三，跳槽之前，我馬上就要三十五歲了，這個年齡在人才市場上不是很占優勢。

不過，最終我還是鼓起勇氣辭職了。之前在為學生上幸福課的時候，我一直都在跟學生強調「發揮個人優勢去做事」的重要性。現在，輪到自己做選擇的時候，我也應當毫不猶豫地去實踐。作為一個老師，如果對學生說的很多道理，自己都無法做到，那麼今後站在講臺上，我說出來的話就會顯得很空洞，內心也會心虛。

進入新單位工作了一段時間後，我有了更多的機會去發揮自己的優勢。我有了更多的時間去打磨自己的課程，去和學生認真地交流，就自己感興趣的領域進行深入的研究。在做這些事情的過程中，我有很強的滿足感、勝任感和幸福感。每天騎著共享單車去上班的時候，我都會忍不住在心裡感嘆：「原來生活可以這麼美好！」

在新單位工作的第一個教師節，我就收到了不少來自學生的祝福。走在校園裡，我還能經常遇到一些學生跑過來熱情洋溢地和我打招呼。這一切，都讓我感覺非常有成就感和滿足感。這種成就感和滿足感，類似於巔峰體驗，不是單位加一點薪資或者發一些福利所能輕鬆帶來的。

一個人在發揮自己優勢去做事情的時候，真的可以迸發出巨大的能量。由於熱愛教學，無論是上課、備課，還是和學生交流，我都能從中找到很大的樂趣。我甚至發現，上班和下班的界限都逐漸變得模糊了。比如，有時候即使下班之後仍然坐在辦公室備課，我也不會覺得自己是在加班，只是覺得自己正在做真正感興趣的事情而已。總之，做自己真正熱愛的事情時，我不會嫌累。

由於新的工作促進了個人幸福感的不斷提升，我慢慢發現，自己的身體狀態和精神狀態也得到了極大的改善。

雖然沒有一份工作是百分之百完美的，也沒有一份工作能夠百分之百符合我們的心意，但是如果我們有機會在工作中盡可能多地發揮自身優勢，那麼這份工作就可以被稱為完美的工作。

現在，我雖然經常向身邊的人表達我對工作的滿意之情，但並不意味著這份工作就沒有任何讓我感到頭疼抓狂、心煩意亂的事情。只不過這份工作能夠讓我充分發揮個人優勢，我因此就願意去包容那些讓我感到不順心的事情，願意把這份不完美的工作看作一份完美的工作。

二、改造自己的工作，爭取擁有更多發揮優勢的機會

如果現在的工作無法讓你充分發揮個人優勢，你還想要生活得更加幸福，那麼你就面臨著兩個選擇：第一個選擇，換一個職位或者換一份工作；第二個選擇，對目前所做的工作進行改造，爭取使這份工作能夠讓你發揮個人優勢。

相比第二個選擇，第一個選擇顯得更為激進一些，建議有類似想法的朋友最好經過一番深思熟慮後再行動。而第二個選擇，則顯得更加保守和穩妥一些，比較適合那些厭惡風險、不願放棄當下工作的人嘗試。

在《真實的幸福》一書中，作者馬丁・塞利格曼曾以律師行業為例，介紹了一些律師如何在不換工作的前提下，透過對自己的工作進行改造的方式，讓自己獲得更多發揮優勢的機會，從而提升了職業幸福感。

比如，一位女律師莎曼珊，她是一個充滿熱情的人。但是，從事律師行業需要的是冷靜和理性，而不是太多的熱情。後來，莎曼珊爭取到一個機會對自己的工作進行改造，從而擁有了更多發揮個人優勢的機會。她的老闆允許她除了收集醫療糾紛的相關案件資料，還可以去公司的公關部門協助提升公司的形象，參與設計公司的廣告和海報，這樣她的「熱情」優勢就有了一定的施展空間，進而有機會在工作中獲得更多的成就感。[75]

在從工作了十年的單位辭職之前，我也曾嘗試過對原先的工作進行一番改造，從而讓自己擁有更多發揮優勢的機會。

在原單位工作的時候，我慢慢發現，自己的優勢在於我的心理學專業背景、善於說服別人、善於從思想上去影響別人。於是在做好行政工作的同時，我開始在學校開設幸福課，也開始寫微信訂閱號文章，傳遞積極心理學的知識和相關理念。

當然，我去做這些能發揮自己優勢的事情，意味著要犧牲很多業餘時間。例如，我經常需要在上了一天班之後，晚上接著為學生講兩個多小時的幸福課，還要堅持早

75 馬丁・塞利格曼，《真實的幸福》，萬卷出版公司，2010：188。

起或晚睡來完成微信訂閱號文章的寫作。雖然很累，但是我認為一切努力都是值得的。正是對原先所從事的工作進行的一番改造，為我增加了很多的積極情緒，幫我熬過了很多黑暗的時光，在一定程度上緩解了我的職業倦怠感。

當然，你如果做了很多嘗試和努力，對工作進行了很多改造，卻依然發現這份工作很難擁有發揮個人優勢的機會，那麼這個時候就可以鼓起勇氣、下定決心考慮換一份工作。畢竟人生苦短，一個人一直為了一份可憐的薪水或福利守著一份自己完全不熱愛又無法發揮個人優勢的工作，會錯過人生的很多精彩故事。這樣的一生，實在是太不划算了。

三、想要將天賦兌換成優勢，需要後天持續不斷地努力

有些人把優勢這個詞和天賦畫上了等號，認為優勢就是與生俱來的、從天而降的、不需要付出任何額外的努力就可以輕鬆獲得的特質。所以無論是想要成功，還是想要幸福，只要把隱藏在自己身上的優勢找出來，然後在現實生活中運用好就可以了。

這種觀點，就如同相信想得到美好的愛情不需要付出任何努力一樣不可靠。美好的愛情，需要一個人花費大量的時間進行自我提升和完善，最終透過兩個人用心經營

才能培育出來。

個人的優勢也是如此。我們往往需要不斷地探索，然後不斷地打磨和持續地精進，才有機會找到並充分發揮自己的優勢。在《現在，發現你的優勢》一書中，作者將優勢定義為天賦、知識、技能三者的結合。我們可以用下面的公式來表示：**優勢＝天賦＋知識＋技能**。[76]

其中，天賦是先天擁有的特質，而知識和技能則需要透過後天學習和實踐才能培養出來。透過這個公式我們可以發現，找到自己的天賦也許比較容易，但是想要把天賦兌換成優勢，則需要後天不懈地努力。具體來說，我們需要首先發現自己的天賦所在，然後運用知識和技能，將自己的天賦轉化為優勢。

比如，我的朋友小Q是一個具有演講天賦的人，他喜歡主持和演講，他的聲音富有磁性、抑揚頓挫，每次站到講臺上，他都感覺很興奮。問題是，演講時他講的故事總是很老套，給人一種高高在上的感覺，無法打動人心。後來，小Q報名參加了一個演講培訓班。培訓班的教練敏銳地發現了小Q的問題所在，建議小Q今後在演講的時

76 馬庫斯．白金漢、唐納德．克利夫頓，《現在，發現你的優勢》，中國青年出版社，2002:42-43。

候可以多講一些發生在自己身邊的案例。因為講述發生在自己身邊的案例，自己的感受更為真切，他講出來後更容易打動聽眾的心。

小Q接受了教練的建議，開始用心收集和挖掘發生在自己身邊的一些故事，為了防止遺忘，他不僅把這些故事記錄在手機裡，還找機會和身邊的人分享這些故事，尋求一些回饋。慢慢地，小Q的演講中增加了很多飽含真情實感的故事，他的演講變得比之前更加有穿透力，也更受聽眾歡迎了。

反思小Q的案例，我們可以發現，小Q具有演講的天賦，但是這個天賦需要在運用一些演講知識和技能的基礎上才能充分地發揮。他如果不主動去學習一些有關演講的知識，不去磨練自己有關演講的技能，那麼他很可能一直無法得到來自聽眾的積極回饋，這樣他就很容易心灰意冷，說不定會放棄演講方面的工作。如此一來，小Q就會塵封自己的優勢，失去一個人在發揮優勢時所能品味到的那種暢快淋漓的成就感和幸福感。

你考慮過自己的優勢是什麼嗎？你又將如何創造機會在工作和生活中發揮你的優勢呢？

思維19 學會高效努力，停止感動自己

請停止自我感動式的努力

高考的時候，我感覺自己已經用盡全力，但是依然沒能考入理想的大學。

至今我還記得，高考分數出來之後，班主任打電話詢問我的分數，隨後電話那頭就傳來一聲失望的嘆息，因為班主任對我寄予了厚望。畢竟，在高考前的最後一次模擬考試中，我考了全班第一，很有希望考上明星學校。

家裡人也覺得很失望，成績出來沒多久，他們就提出了復讀的建議。但我馬上拒絕了這個建議，因為當時的我覺得，三年的高中學習生涯，我真的已經盡力了，實在沒有勇氣再熬一年。

雖然每個人的高中生涯都很苦，但是我覺得自己更苦，每天早上六點就要起來跑

操場，晚上一直要熬到十二點才能睡覺。當時我竟然喜歡和寢室的人比誰最晚睡，因為我覺得最晚睡的人才是最努力的人，才有資格取得最好的成績。

每天在寢室統一熄燈後，我就拿出早已準備好的手電筒，繼續在被窩裡學習一會兒，或者多做一張數學考卷，或者再背一會兒英語單詞。反正要熬到所有人都關掉手電筒睡覺了，我才肯放過自己，然後踏實地睡覺。

當時的我，深深地癡迷於這種自我感動式的努力。我有意把自己的生活過得很苦、很累，認為這樣一定能感動上天，最終在高考中取得好成績。

然而，考試不是根據一個人是否感動了自己、感動了上天來決定分數的，而是根據一個人是否徹底掌握了所要測驗的知識評量出成績的。如果你真正掌握了測驗的知識，即使你沒有熬夜學習，即使你不是每晚最後一個睡覺的人，即使你沒有那麼爭分奪秒，也可以取得非常好的成績。

也就是說，我們需要的不是自我感動式的低效努力，而是需要一種講究方法的高效努力。因為越來越深刻地覺知自我感動式的努力根本無法為人生帶來質的轉變，並且帶有很強的自我欺騙性，所以過去幾年中我一直在探索高效努力的方法，並且寫過一本《高效努力：找準奮鬥的正確方式》。

那麼，到底怎樣的努力才算高效努力呢？在回答這個問題之前，讓我們先花點時間看清什麼是低效努力，了解一下低效努力的三個顯著特徵。

低效努力的第一個特徵：缺少明確的目標

我的一個學生，一直感覺自己在大學裡的生活過得渾渾噩噩。於是有一天，他發憤圖強，想要做出一點改變。他想先從模仿很多成功人士所具備的一個習慣開始：堅持早起。

這個學生還算有毅力，自從下定決心早起開始，每天早起後都會發一個動態，連續打卡好多天。後來有一天，他過來找我，自從開始堅持早起後，他慢慢戒掉了熬夜的習慣，可是他的生活並沒有因此發生太多的改變，他依然覺得自己的生活不夠充實。

於是，我問了他一個問題：「早起之後一直到上早課之前的這段時間，你通常是怎麼安排的？」「起床之後，我通常會去操場上跑跑步，然後發一個動態，接著就是滑滑手機、吃個早飯什麼的。有早課的話，我會提前去教室，有時會和同學聊聊天。」學生回答道。

聽到這裡，我便發現了問題所在。「早起」只是我們達成某一個目標的手段，它並不是一個最終目的。我們如果只是為了早起而早起，那麼這種早起就沒有太大的意義。但是我們如果為了讀書或者學習某項技能而早起，那麼早起的這段時間就會被充分利用，從而發揮其應有的價值。如果缺少一個明確的目標，我們做事情就會缺乏充分的動力，早起的這段時間就很容易被浪費。

缺少明確的目標是低效努力的一個顯著特徵。需要注意的是，有的人看似有一個目標，但由於不夠明確，同樣容易陷入低效努力的泥潭。比如，有的人的目標是「打算在週末時間讀讀書，為自己充充電」，這就是一個模糊的目標，不具有任何的激勵作用。在這種模糊目標的作用下，最終很可能是這個人只是在週末隨手翻了幾頁書，然後花了大部分時間漫無目的地玩手機。但是，假如一個人能夠為自己設定一個「這週末務必要把某本書讀完」的目標，就很容易讓自己用盡全力去完成這個目標，還會提高讀書的效率，這就是擁有一個明確目標所能帶來的積極意義。

低效努力的第二個特徵：缺乏必要的挑戰

每個人或多或少都會有一些貪圖安逸的心理，所以很多人都願意停留在自己的舒適圈。然而，我們如果總是選擇停留在自己的舒適圈，就很難學到新的東西，也很難習得新的能力，因為所有的成長，都發生在舒適圈之外。

每次我讓兒子去彈鋼琴的時候，他總是喜歡去彈自己已經熟悉的鋼琴曲。因為他彈自己熟悉的鋼琴曲，不需要付出吹灰之力，就能彈出美妙的樂曲，然後他可以在「自己好厲害」的感覺中沉浸好長時間。但是，他如果只彈自己喜歡的樂曲，是無法取得更大進步的，最多只能原地踏步。他只有走出舒適圈，給自己必要的挑戰，嘗試去彈自己不熟練的樂曲，將自己不熟練的樂曲慢慢練熟，才能真正磨練自己彈鋼琴的技藝。

學習知識也是同樣的道理，我們只有走出舒適圈，給自己必要的挑戰，才有機會學到真正的東西。讀高三的時候，每天晚上寢室熄燈之後，我自己還會挑燈夜戰一會兒，這看起來非常勵志。但當時熬夜學習的過程，我清晰地記得，經常向自己提的要求就是多做一套試卷。

在做試卷的過程中，我會花很長時間去做那些已經熟悉的題目，但是對於那些不會的題目卻避而遠之。而對於那些做錯的題目，我又沒有花足夠多的時間去整理和糾錯。這樣做導致的一個結果就是，掌握知識的水準很容易停留在原地。因為我想要提升考試分數，就要向那些自己不會的題目發起挑戰，那些不會的或者做錯的題目才是自己的知識盲區，而只有掌握了自己原本不會的知識，才能提高自己的成績。

低效努力的第三個特徵：沒有精準的回饋

我從二〇一四年開始嘗試進行持續寫作。剛開始寫作的時候，我通常只是在微信訂閱號上發發文章，然後家人或者幾位要好的朋友就紛紛幫我轉發文章，而我就會沉浸在自己很厲害的幻覺中。

就這樣寫了一兩年時間後，我發現自己在寫作方面並沒有太大的長進，很多文章看起來就像一個人的獨白或者呢喃自語，除了家人，並不能讓更多人產生閱讀的欲望，即使有人讀完文章，也很難獲得很大的啟發。

於是，我開始思考：問題到底出在哪裡，我究竟該如何做才能提升自己的寫作水準呢？後來，我做對了一件事情：去更專業的寫作平臺上投稿，讓我的寫作水準有了很大的提升。

當時我選擇的投稿平臺是「簡書」。簡書那時正值發展黃金期，自帶很多流量。如果文章寫得足夠好，會被編輯推薦到首頁，文章就可以得到大量的曝光以及很多讀者的關注。剛開始投稿的那段時間，我面臨的最大問題就是自己的文章很難被推薦到首頁。我就私訊該專題的編輯，詢問自己投稿首頁的文章被拒絕的原因。

有時候，一些熱心的編輯就會提出一些回饋和建議，比如，文章題目不夠吸引人，或者文章乾貨不多，或者文章排版有問題等。正是在專題編輯這種源源不斷的回饋過程中，我快速發現了自己在寫作過程中存在的一系列問題，然後進行了一些有針對性的改進。

除了編輯所提供的一些回饋，我在平臺上發的文章還會收到讀者的一些回饋。我會根據讀者的按讚數、評論數、轉發數去了解讀者關注的一些話題，以及不斷揣摩和提升自己的寫作技巧。後來，我的文章就經常有機會被推薦到簡書首頁，我也因此得到了圖書出版公司的關注，從而有機會出版了幾本書。這些小小的成就的取得，都和我有機會接收到源源不斷的回饋，從而做出有針對性的努力和改進有很大的關係。

一個人如果只是長時間閉門造車，無法得到一些有價值的回饋，那麼這種默默的努力就無法為一個人帶來任何價值或者提升任何競爭力。

學習任何知識和技能，能夠獲得一些精準的回饋是特別重要的一件事情。環顧四周，那些成長速度特別快的人，往往就是那些不僅肯努力，又有機會得到各種源源不斷回饋的人。為了獲得更加清晰的回饋，有的人會不斷向比自己更加厲害的人請教，有的人會請一個優秀的教練，有的人會加入那種為學習者提供精準回饋的訓練營，從而讓自己有機會不斷地調整努力的方向，使努力變得更加高效、有價值。

高效努力＝有目的＋有挑戰＋有回饋

真正高效的努力，也應該具備三個必要的組成部分：**有目的、有挑戰、有回饋**。缺少這三個組成要素中的任何一個，都有可能導致我們的刻苦努力變成低品質的勤奮。由於早年不懂得高效努力，我還有過一段非常慘痛的經歷。

記得當年考駕照的時候，我透過朋友介紹認識了一位資深的駕訓班教練，跟著他學習開車。在學車的過程中，這位教練對我格外關照。同組的人犯錯的時候，他會狠狠地批評，但是在我犯錯的時候，他卻很少批評，只是點到為止。

問題是，我是那種一上車就容易緊張的人，所以學習的進度總是落後於小組的其他成員。我有些不甘心。中午的時候，其他學員都回家睡午覺了，教練就把車鑰匙給我，允許我在訓練場地上多練習一會兒。於是，我放棄了每天中午休息的時間，一個人在訓練場地上繼續練車。當時，我對自己要求很嚴格，每天都要求自己至少多練習一個小時。

然而，我那麼努力地去練車，卻是我們小組中唯一沒通過考試的人。上車考試的時候，我還是非常緊張，用掉了兩次機會，都沒達標。拿到考試結果之後，我感覺非常洩氣。教練也感覺有些不解，畢竟在他所帶的學員中，我是看起來最為努力刻苦的一個人。

這件事對我觸動很大。我一直都特別相信「付出一定會有收穫」和「越努力，越幸運」等道理，但事實證明，想要使得這些結論統統成立，都離不開一個重要的前提，那就是要學會高效努力。

回顧上述這段學車的經歷，我發現自己在努力過程中存在的一個最大問題就是，缺少構成高效努力的三個重要因素。

一、有目的：擁有明確的努力目標

我們只有具備明確的努力目標，才能變得更加專注和高效，不會渾渾噩噩地熬時間。

學車的時候，雖然每天中午我都為自己安排一個小時的練車時間，但是在練車的過程中，我缺乏一個明確的目標。當時，我在練習的時候主要考慮的是如何把這一個小時的時間耗完，而沒有認真考慮每天中午到底要練習哪一項駕駛技術。比如，到底是練習路邊停車還是倒車入庫，抑或這次練習達到哪種程度才算完成了當天的訓練目標。

如果重來一遍，我會為自己設定一個更加明確的努力目標。比如，今天中午的訓練目標是在十次倒車入庫中，至少要成功做到九次倒車入庫，一旦達到這項目標就可以休息，不必在那裡浪費時間。

二、有挑戰：敢於突破自己的舒適圈

我們只有敢於突破自己的舒適圈，接受一定的挑戰，才有機會不斷成長。自己整天在舒適圈待著，學不到一點新的東西。

我在練車的過程中，雖然表面上看起來很努力，但是實際上我的駕駛技術沒有任何進步。因為當時我花費了大量的時間去練習自己已經熟悉的技能，不願意去挑戰自己的弱項。另外，考試場地和訓練場地離得並不遠，只要和管理人員打聲招呼，就可以開進考試場地去練習，但是我礙於面子，一直堅持在自己熟悉的訓練場地上過度練習著自己已經熟悉的技能。結果考試的時候，由於不太熟悉考試場地，我十分緊張，最終不得不參加補考。

三、有回饋：知道自己的改進方向

在學習某個知識或某項技能的時候，我們只有得到源源不斷的回饋，才知道自己是否在沿著正確的方向前進，以及下一步的改進方向。

在學車時，雖然我透過熟人介紹找到了一位口碑很好的教練。但恰恰因為是熟人介紹，這位教練對我太溫柔了，他減少了對我的批評。由於缺少足夠多的回饋，我對自己的弱項認識得不夠深入，導致第一次考試沒過關。

從高效努力的角度來看，一位好教練或者好教師的最大價值，就是能夠指出學生的不足之處，並且有針對性地提出一些改進建議。如果這位教練或者教師無法做到上述這一點，即使他的態度很和藹、經驗很豐富、人氣很高，也沒有資格被稱為一位好教練或好教師，因為他無法讓學生取得真正的進步。

「高效」和「努力」相結合，才能提升個人競爭力

雖然我花了很大的篇幅講高效努力的重要性，但這並不意味著一個人一旦掌握了高效努力的方法，今後就不需要再努力了。儘管網路上很多人在宣揚「方法比努力更重要」或「平臺比努力更重要」等觀點，但是我們一定要保持頭腦清醒。

畢竟，任何高效的方法，都無法取代踏踏實實的努力。環顧四周，多少頭腦聰明的人，他們的大腦裡從來不缺方法，卻因為缺少踏踏實實的行動，最終聰明反被聰明誤。

企劃了脫口秀節目的李誕曾經向剛剛講脫口秀的朋友提過一個實作性非常強的建議：請寫「逐字稿」。為什麼要寫逐字稿呢？他解釋說，剛剛入行的人，嘴裡通常會有很多口頭禪，比如，「嗯啊」、「這個那個」、「然後」等。一個人之所以會有很多口頭禪，本質上還是因為表演的時候很緊張，並且準備得還不是很充分。

你靜下心來寫逐字稿的過程，實際上就是為表演做好充分準備的過程，當然，寫逐字稿並不意味著表演的時候就要把逐字稿一字不落地背出來。關鍵是在寫逐字稿的過程當中，演員就可以有機會去預演自己的表演。這樣自己站上舞臺的時候，就會顯

得更加從容淡定，遊刃有餘。[77]

我相信，一名好的脫口秀演員，當他在臺上專注表演、透過不經意的幾句話就把臺底下的觀眾逗得哈哈大笑的時候，他一定在上臺之前做了非常充分的準備。也許他是一個有著明確目標的人，也許他是一個不斷挑戰自己的人，也許他是一個得到大師指點的人，但是在這些表象背後，他首先應該是一個十分努力的人。

從第一次在大學為學生講課開始算起，至今我已經有十多年教齡了。在十多年的教學生涯中，自己已經掌握了不少的授課技巧，對於各種場合的演講基本上駕輕就熟。換言之，在講課方法和技巧層面，我已經累積了很多經驗。

但是，我依然發現，即使再熟悉的課程，在上課之前也要做充分的準備。比如，為熟悉的課程加上一些新鮮的案例，針對不同的授課群體採用不同的授課風格，花點時間去了解授課群體的興趣點或關注點在哪裡等。

我如果不主動去做一些課程的改進或者課前的準備，在講熟悉的課程時，就很容易感覺沒勁，有時候甚至感覺自己就像一臺複讀機，聽眾也會敏銳地發現這一點，導

77 李誕，《李誕脫口秀工作手冊》，江蘇鳳凰文藝出版社，2021：23。

致他們聽得也不專心。

即使擁有高超的授課技巧和臨場應變能力，優秀的教師也應當把熟悉的課程當作全新的課程去準備，認真地對待每一次授課，全心全意地去備課。

總之，掌握高效努力的方法很重要。我們在學習知識或技能的時候，一定要牢記「有目的、有挑戰、有回饋」的九字要訣。這九個字，可以讓我們的努力事半功倍。但是無論學習了哪種高效的方法，都無法代替踏踏實實的努力，因為只有「高效」和「努力」相結合，才能真正提升一個人的競爭力。

思維20　練就成長思維，變壓力為動力

從壓力巨大的面試中成功突圍

「大家好，我叫小傑，我畢業於×××大學（國內某知名外國語大學），我主修日語系，但是我很早就通過了×××英語測試。」

「大家好，我叫小雅，我就讀於×××大學（國內排名前十的某知名大學），我即將繼續攻讀博士學位。」

很快就要輪到我介紹自己了，我感覺壓力很大。

當時，我正在參加國內某知名培訓機構兼職英語培訓教師的面試。從其他兩位競爭者的自我介紹來看，他們彷彿都有很強的實力。他們都畢業於名校，頭上自帶光環，臉上閃爍著自信。

輪到我介紹自己的時候，我沒有先說自己就讀的學校。當時我讀研究所二年級，我心裡很清楚自己就讀的學校無法帶來額外的競爭優勢。想要引起面試官的注意，我必須在介紹自己的時候更加用心，表現得更加有創意一點。

我發現我是三位應徵者中年紀最大的，就借用了一句英文諺語作為自己的開場，「大家好，我是曉東。英文中有句諺語：『You can't teach an old dog new tricks.』（上年紀的人學不了新東西。）我卻不這麼認為；在幾位面試者中，我看起來年紀最大，但是我依然具有一顆『求知若渴』的心。我覺得個人的最大優勢就是，願意用成長心態去面對生活中的一切難題。我相信，無論我的起點多低，只要我肯努力，就可以為別人帶來驚喜。」

我注意到，當我在進行自我介紹的時候，三位面試老師同時抬起了頭，給了我不少關注。

面試過後，我們三個人都進入了試講環節。在去試講的前一天晚上，我一直忙到凌晨兩點，準備了上百頁的簡報。我知道，和其他兩位名校畢業的學生相比，我在學歷上不占優勢，只有比他們多努力好幾倍才有機會。

第二天中午，我和其他兩位面試者一起吃午飯。談到下午的試講，他們都顯得很放鬆，只有我的緊張是寫在臉上的。他們倆還安慰我：「不必太緊張，根本就沒什麼大不了的。」

但我控制不住地緊張，因為我為這次面試投入了很多努力，很想贏。其實，從心理學的角度來分析，演講前的緊張並不總是一件壞事情，因為適度的焦慮，有時會讓一個人表現得更好。

果然，下午的試講開始後，我很快就進入了狀態，之前的充分準備讓我在試講時表現得遊刃有餘。由於我是第一個試講的應徵者，在我試講結束後，我發現其他兩位面試者開始緊張了。或許，他們感受到了來自我的壓力。

後來，我成為這三個人中最早在這家英語培訓機構擔任培訓教師的人。回顧這次面試成功的經歷，我有兩個很深的體會。

第一個體會：一個人的能力不是一個閃亮的標籤（例如畢業於某知名大學）就可以定義的。即使非知名大學畢業，只要肯努力，就依然有機會。

毫無疑問，「知名大學畢業」是一個加分項目。但是，如果一個人空有一個「畢業於某知名大學」的標籤，卻沒有持續地去努力，導致個人能力與名校畢業的背景不符，那麼「知名大學畢業」就變成了一個扣分項目。

我的一個朋友，畢業於某知名大學，但是他感覺自己混得不好，因此總是羞於去提自己所畢業的大學，擔心別人會嘲笑他當年只是混了個學位。

第二個體會：人的能力不是固定不變的，是可以持續得到提升的。昨天的你不能代表今天的你，更不能代表未來的你。

一個人無論起點多低，只要選對方向，肯不斷努力、不斷成長，就有可能擁抱更大的機遇，獲得更優秀的成績。

總之，無論你是否畢業於知名大學，無論你身上有多麼閃亮的光環和標籤，都只不過是過去的證明而已。在事業發展的道路上，唯一能帶給你好運氣的，就是持續不斷地努力。

成長型思維——迎著壓力成長的祕密武器

這種強調努力價值和意義的理念，在心理學上被定義為「成長型思維」（又稱成長心態）。

在《終身成長》一書中，作者卡羅爾・德韋克這樣描述「成長型思維」：「你的基本能力是可以透過你的努力來培養的。即使人們在先天的才能和資質、興趣或性情方面有著各式各樣的不同，每個人都可以透過努力和個人經歷來改變和成長。」[78]

成長型思維是一種強調努力可以改變命運的思維：我們的能力不是一成不變的，現在不行並不代表未來不行。只要我們肯不斷努力，我們的能力就會得到提升，我們做事成功的機率就會提高。

與成長型思維相對的，是「固定型思維」（又稱定型心態）。採用固定型思維方式的人，相信自己的才能是一成不變的，是可以被某一次成敗經歷定義的，因此他們非常擅長給自己貼一些標籤。當他們在某一方面取得成績的時候，他們會不停地炫耀，標榜自己就是一位成功人士；而當他們遭遇失敗的時候，他們就會悲傷不已，認為自己是一個徹頭徹尾的失敗者。

面對同一次考試失敗，具有成長型思維的人認為，失敗主要是由於自己不夠努力或者努力的方法不當造成的，只要更加努力，及時總結經驗，找到適合自己的努力方

78 卡羅爾・德韋克（Carol S. Dweck），終身成長（*Mindset: The New Psychology of Success*），江西人民出版社，2017:7。繁體版為《心態致勝：全新成功心理學》，天下文化。

法，下次考試就一定會取得很好的成績。而具有固定型思維的人則認為，失敗就說明自己的能力不行，即使再努力也不會有太大改進，所以他們很容易因為一次失敗而受到打擊，長時間被悲觀或憂傷的情緒籠罩，喪失繼續前進的信心。

在明白了成長型思維和固定型思維的差別後，我們不難做出一個推論，成長型思維是我們對抗諸多人生壓力的有效祕密武器。擁有這種思維方式的人不害怕面對失敗，他們更傾向把失敗、挫折等壓力情境看作激發自身潛能的一種機遇。他們不會輕言放棄，反而會越戰越勇，最終在迎戰壓力的過程中使自己煥發出奪目的光彩和活力。

人生的三項重要課題，都需要成長型思維助力

阿德勒曾經說過，每個人的一生都要面對三項重要的人生課題，即工作課題、交友課題和愛的課題。我們想要好好地應對這三項課題，就離不開成長型思維的助力。

一、工作課題

無論是工作中的難題，還是堆積如山的瑣碎問題，都很容易成為人們的壓力來源。這個時候，我們應該如何採用成長型思維來應對呢？

我曾經有好長一段時間，一邊從事行政工作，一邊從事教學工作。在那段時間裡，我感覺心理上的壓力不斷累積，越來越大。但是現在回過頭來看，恰恰是在那段時間，我的成長速度最快，能力提升最為顯著。

在那段時間，我不停地用成長型思維來面對這些工作上的壓力。當工作非常繁忙的時候，我就反問自己：「是否可以借此機會學習一些時間管理的方法，提升自己在時間管理方面的能力？」當我不得不面對很多在心理方面存在問題的學生的時候，我就反問自己：「是否可以借此機會學習一些心理諮商的知識，提升自己的助人能力？」

一旦這樣思考問題，我在面對來自工作方面的壓力時，就不再有那麼多逃避的心態或者消極的態度。因為我想明白了一件事情，這些壓力存在的意義就是讓我的能力變得更強。於是，在面對工作上的壓力時，我選擇迎難而上，並且把這些壓力看作個人成長的重要機遇。

二、交友課題

在做學生管理工作的那段時間，有不少學生因為自己和寢室室友存在一些不愉快，整天把自己搞得鬱鬱寡歡，就過來找我，想要調換寢室。

面對這類學生，我通常不會馬上批准他們調換寢室的申請，因為根據之前的工作經驗，幫助學生調換寢室，是一件治標不治本的事情，很多學生在換了新的寢室後，很快又會遇到新的人際關係問題。問題不會因為這個學生的逃避而自行消失，假如他的人際交往能力沒有培養起來，那麼無論他換到哪個寢室，人際交往問題都會存在。

那麼，我是如何處理這一類問題的呢？我鼓勵這些因為寢室人際關係矛盾而飽受困擾的學生用成長型思維來面對交友課題，鼓勵他們將眼前這些暫時的困難看作個人成長的難得機遇。

我對學生說：「不如借此機會，好好訓練一下自己的人際交往能力。如果你能跨過這道坎，想出辦法去應對寢室裡那個看似難搞的室友，那麼將來出社會之後，你也會有信心去應對那些難搞的同事。」

我還和這部分學生共同探討了他們在交友過程中遇到的其他問題，並和他們分享了一些應對的方法和技巧，鼓勵他們帶著這些方法和技巧在人際交往的過程中做進一步的嘗試。

「可不要輕易浪費這個能夠訓練你人際交往能力的機會啊！」這是我經常跟學生說的一句話。事實證明，學生一旦願意採用成長型思維去面對交友的課題，就能看到破解眼前難題對於成長的意義，努力做出一些積極的嘗試和改變，在人際交往方面取得一定的進步。

三、愛的課題

我們在處理愛的課題時，運用成長型思維也很重要。因為「愛」，不是一段僅僅靠激情就可以維持的關係，而是一項需要不斷學習和精進的技能。正如弗洛姆在《愛的藝術》中所說：「人們要學會愛情，就得像學其他的藝術，比如音樂、繪畫、木工或者醫療藝術和技術一樣的行動。」[79]

在婚姻中，夫妻之間不可避免地要發生爭吵。有的時候，兩個人竭盡所能地避免爭吵，只會讓彼此的關係越來越疏離，阻止愛在兩個人之間自由流動。夫妻之間發生

79 弗洛姆（Erich Fromm），《愛的藝術》（*The Art of Loving*），上海譯文出版社，2008:5。繁體版為《愛的藝術》，木馬文化。

爭吵不可怕，關鍵是以什麼樣的心態去面對爭吵。

採用成長型思維方式面對爭吵的夫妻，他們會把爭吵看作一次溝通的機會，借此機會表達出自己的真實感受，同時把在心底壓抑已久的話說出來。即使在爭吵的過程中，他們也會對彼此之間的感情抱有強烈的信心，同時將對方提出的意見看作一種回饋，從而找到自己今後改進和努力的方向。他們會因為「適度、克制、充滿愛意」的爭吵而讓彼此之間的心理距離越來越近，感情越來越濃。

而採用固定型思維方式面對爭吵的夫妻，他們會把爭吵當作對愛情的極大否定。他們認為，只要一爭吵，兩個人之間就沒有愛情了，所以他們會採用一種逃避的心理，盡量用冷戰的方式來迴避爭吵。然而迴避爭吵的本質就是在逃避問題，問題不會因為逃避而得到解決，兩個人不溝通、不交流，彼此之間的怨恨只會越積越深，最終不可避免地爆發更大範圍和程度的爭吵。而一旦爭吵變得不可避免，他們又會採用悲觀的視角看待問題，把爭吵看作對感情的毀滅性打擊，最終加劇一份感情的分崩離析。

三項修練，助你擁有成長型思維

既然認識了成長型思維的重要性，如何做才能習得這種有價值的思維方式呢？

一、相信人生是一場馬拉松，而不是短跑衝刺

我的一位學生小N報考了一所知名大學的研究所，最終因幾分之差沒有考到理想的學校，只能去上一所普通的學校。小N不想去這所普通的學校讀研究生，於是嘗試去找工作，由於她的眼光比較高，結果她面試了十幾份工作，都被拒絕了。

小N感到心灰意冷。我問小N：「你有什麼長遠的規劃和打算嗎？」她非常堅定地回答，自己的最終目標是進大學做老師。我又接著問小N：「做大學老師，一般都需要博士學歷，繼續深造顯然更加符合你的職業規劃，為什麼你這麼著急地想要馬上工作呢？」

經過一番溝通，我發現小N急著找工作的原因是，她覺得自己沒有考上知名大學的研究所，就是沒有做學術研究的潛力，於是轉而想要透過盡快找到一份很好的工作來證明自己。但是在內心深處，她依然想成為一名大學教師。

現實生活中的很多人，他們之所以會放棄夢想，往往是因為他們急著去證明自己，就臨時改變了前進的方向，去做那些看起來比較容易取得成績的事情。然而，我們無論做什麼事，想要取得一番傲人的成績，都需要付出艱苦卓絕的努力，而頻繁地轉換賽道，很容易浪費之前的累積和努力，最終不得不從頭開始。

人生的本質是一場馬拉松，而不是短跑衝刺，有的時候，慢慢來，反而會比較快。因為著急的人，很容易半途而廢。大約十年前，我就想成為一名大學老師，因為我深深地熱愛著三尺講臺。為了實現這個夢想，我經歷了好幾次博士考試失利，但是我沒有選擇放棄。考上博士研究生後，我又花了幾年的時間，才拿到博士學位。整個過程，前前後後正好花了十年。現在，我終於成為一名大學專職教師。我很慶幸自己在過得特別艱難的時候，沒有轉換賽道去做其他事情，比如去謀求更高的行政職務。因為我知道，只有在自己感興趣的領域拚命努力並堅持到底，一點點去累積，一點點去成長，才有機會笑到最後。

二、把挫折和失敗看作一次難得的成長機遇

我們都渴望自己的生活和工作順順利利，最好不要有什麼煩心事。但人生在世，

十有八九都是不如意的事，因此，我們需要和這些不如意的事情共存。而共存的一種方式就是，採用成長型思維去看待這些不如意的事，把生活中經常會出現的挫折或者失敗，看作難得的成長機遇。

我曾經有過將近一年的失眠經歷。但正是在若干個睡不著的夜晚，我不停地和自己對話，因此對自己的個性有了更加深入的了解。我漸漸明白，要學會接納不完美的現實，而不要過分執著地去強求那些原本不屬於自己的東西。

與此同時，正是因為對失眠這段經歷的反思，讓我重新對心理學燃起了濃厚的興趣，讀了很多心理學方面的書，後面才有機會在學校開設心理學方面的課程。也正是因為失眠的這段經歷，讓我開始認識到保持充實生活的重要性，如果每天總是胡思亂想，不去做一些具體的事情，整個人就會感覺輕飄飄的，活得不真實。

總之，對於我來說，失眠這段經歷就是一份包裝醜陋的禮物。雖然它包裝醜陋，最初很難讓人接受，但是我只要鼓起勇氣打開這份禮物，就能獲得很多成長的喜悅。俗話說，「行有不得，反求諸己」，當我們做事不成功的時候，恰好是我們反思自己的絕佳機會。這個時候，我們就可以採用成長型思維去反思自己。我們不要總是去抱怨：「為什麼這件倒楣的事又落在我頭上了？」而要嘗試追問自己：「這件不順心的事情降臨在我的頭上，是為了讓我學到什麼東西，在哪些方面有所成長呢？」

三、相信比維護完美形象更重要的是終身成長

前些日子，我在一個平臺上發布了一個影片，內容是關於介紹一本心理學書籍的。雖然錄影片花了不少時間、用了不少心思，但總感覺自己在影片中的形象不夠完美。而且，影片在平臺上線幾天之後，點擊量沒有達到自己的預期。

於是，我完美主義發作，索性把這個影片刪除了。沒想到，刪除影片沒多久，我就收到一位粉絲的私訊：「老師，前幾天看到您發了一個介紹心理學書籍的影片，很受啟發，非常期待您的下一期影片！」

看到這則留言，我感覺心情有點複雜。因為在做自媒體這幾年裡，自己經常會因害怕表現得不完美而放棄很多嘗試的機會。比如，有時候想去追某個新聞話題，卻總覺得自己的文筆太過稚嫩、思想不夠深邃，害怕文章發出來被人嘲笑專業水準不夠，所以寫了個開頭就匆匆放棄。但是，我在看到同行追話題的文章發出來受到熱捧後，又覺得很不甘心，明明自己也可以寫出同等水準的文章，卻沒有動筆去寫。

再比如，大概一年前，我就逐漸意識到，隨著工作和生活節奏的加快，人心的浮

躁，在自媒體上發的文章的閱讀量勢必會越來越少，應該盡快開始做短影音，才能持續獲得更多關注。然而，在嘗試錄發了幾個小影片之後，我就感覺自己的形象不夠出眾、鏡頭感不強，還感覺錄小影片太麻煩，所以就慢慢停止更新了。

反思這些經歷，我越發明白了一個道理，一個人犯的最大錯誤，就是害怕犯錯。而一個人之所以會害怕犯錯，往往是因為他想要維護自己的完美形象。為了維護自己的完美形象，很多人喪失了迎接挑戰的勇氣，只願留在自己的舒適圈。問題是，一個人長時間留在自己的舒適圈，就很難有所成長。從長遠來看，這是一件會給自己造成巨大損失的事情。

總之，比維護完美形象更加重要的是終身成長。只有選擇了終身成長，我們的能力才有機會得到提升。當我們的能力變得越來越強、不斷取得更大成就的時候，當年那些出糗的、不完美的經歷，都將變為美好又溫馨的回憶。

高寶書版集團
gobooks.com.tw

NW 267
心理諮商師的減壓思維：
減掉無法負荷的壓力，留下有助成長的動力，找回前進的勇氣

作　　者　宋曉東
責任編輯　林子鈺
封面設計　Z設計
內頁排版　賴姵均、彭立瑋
企　　劃　何嘉雯

發 行 人　朱凱蕾
出　　版　英屬維京群島商高寶國際有限公司台灣分公司
　　　　　Global Group Holdings, Ltd.
地　　址　台北市內湖區洲子街88號3樓
網　　址　gobooks.com.tw
電　　話　(02) 27992788
電　　郵　readers@gobooks.com.tw（讀者服務部）
傳　　真　出版部(02) 27990909　行銷部 (02) 27993088
郵政劃撥　19394552
戶　　名　英屬維京群島商高寶國際有限公司台灣分公司
發　　行　英屬維京群島商高寶國際有限公司台灣分公司
初　　版　2023年6月

原簡體中文版：減壓思維

國家圖書館出版品預行編目(CIP)資料

心理諮商師的減壓思維：減掉無法負荷的壓力，留下有助成長的動力，找回前進的勇氣/宋曉東著. -- 初版. -- 臺北市：英屬維京群島商高寶國際有限公司臺灣分公司, 2023.06
面；　公分. --

ISBN 978-986-506-734-2(平裝)

1.CST: 壓力 2.CST: 情緒管理 3.CST: 生活指導

176.54　　112007451